Lb 56
Lb 368
    A

DÉDIÉ A L'EUROPE.

RECUEIL HISTORIQUE
DES PENSÉES, OPINIONS, DISCOURS, PROCLAMATIONS LETTRES ET BEAUX-TRAITS
DE

NAPOLÉON III

EMPEREUR DES FRANÇAIS

Sur l'Armée, l'Artillerie, l'Administration, le Paupérisme, l'Économie Politique et Sociale

PRÉCÉDÉ DES

MAXIMES DE NAPOLÉON Ier

POUR SERVIR A L'INTELLIGENCE DES IDÉES NAPOLÉONIENNES

AU DIX-NEUVIÈME SIÈCLE

TERMINÉ PAR UN MÉMORIAL CHRONOLOGIQUE DES SIX ANNÉES DU RÈGNE, AVEC LES FAITS, LOIS, DÉCRETS ; LA LISTE DU GOUVERNEMENT IMPÉRIAL, CONSEIL D'ÉTAT, SÉNAT, CORPS LÉGISLATIF, MINISTÈRES ; LE FAC SIMILE DE L'ÉCRITURE ET SIGNATURE,

Publié d'après les Documents authentiques et le Moniteur universel jusqu'au jour.

PRIX 3 FR. AVEC LES PRIMES ILLUSTRÉES, FRANCO PAR LA POSTE.

PARIS
AU DÉPOT GÉOGRAPHIQUE
RUE DE L'ANCIENNE-COMÉDIE, 18, F. S.-G.
ET CHEZ LES CORRESPONDANTS DES DÉPARTEMENTS.

1858

PARIS. — TYPOGRAPHIE DE APPERT ET VAVASSEUR,

Passage du Caire, 54.

Monsieur

Je vous envoie les documens que je vous ai promis et qui vous ont paru avoir quelque intérêt. Je vous remercie de vouloir bien rectifier par le simple exposé des faits qui me sont relatifs, les fausses opinions qui existent contre moi. Un récit simple et exact de ce qui m'est arrivé, fuyant toute tendance politique et tout persiffage peut m'être très utile, on et peut satisfaire en ma faveur même le froide diplomatie et faire tomber les obstacles qui m'empêchent d'aller fermer les yeux de mon vieux père.

Recevez donc Monsieur d'avance l'expression de ma reconnaissance et l'assurance de mes sentiments d'estime et d'amitié

Napoléon Louis B.

Nota: Cette lettre était adressée a M.r Briffaut,
auteur d'un ouvrage fort remarquable sur le Prince.

TABLE RÉSUMÉE

DES

MATIÈRES DU LIVRE IMPÉRIAL

PAR ORDRE ET DIVISION.

	Pages.
Fac-simile de l'écriture et de la signature de Sa Majesté.	
Préface.	5
Maximes de l'Empereur Napoléon Ier.	9
Pensées, Opinions de l'Empereur Napoléon III.	24
Des Idées Napoléoniennes.	44
Paupérisme. — Colonies agricoles.	48
Réflexions sur la Suisse.	51
Question des Sucres.	52
Réunion des mers Atlantique et Pacifique.	53
Des Armées et de l'Artillerie. Aperçu historique.	55
Mémorial chronologique.	61
Concessions de chemins de fer.	66
Mariage de Sa Majesté l'Empereur.	67
Naissance et Baptême du Prince impérial.	69
Orphelinat du Prince impérial.	70
Fourneaux économiques de l'Impératrice.	71
Inondations de 1856.	71
Embellissements du nouveau Paris.	73
Résumé de la campagne de Crimée.	76
Revue de la paix.	79
Revue militaire de l'année 1856.	80
Médaille commémorative des campagnes de la Baltique, instituée par par S. M la reine d'Angleterre	82
Arrêtés sur les engagements et rengagements militaires	84
Visites rendues à l'Empereur.	87
Achèvement du Louvre	87
Cherté des vivres.	90

Proclamations, Discours et Lettres.

Ouverture de la session de 1853 Discours impérial	95
Lettre à l'Empereur de Russie.	97
Discours à l'ouverture de la session législative de 1854.	100
Proclamation de l'Empereur à l'armée d'Orient, le 20 août 1854	105
Mise en liberté de Barbès.	105

	Pages.
Lettre de S. M. l'Empereur au général en chef de l'armée d'Orient.	107
Allocution de l'Empereur à la garde impériale à son départ pour la Crimée, le 9 janvier 1855	108
Discours de l'Empereur au lord-maire au banquet offert à Leurs Majestés par la Cité de Londres, le 19 avril 1855.	109
Lettre de S. M. l'Empereur au général Pélissier, le 20 août 1855, à l'occasion de la victoire de la Tchernaïa.	111
Réponse de l'Empereur à l'Archevêque de Paris, Monseigneur Sibour.	112
Discours de Sa Majesté l'Empereur à l'exposition universelle le 15 novembre 1855.	112
Discours de Sa Majesté l'Empereur à la rentrée des troupes le 29 décembre 1855.	114
Discours d'ouverture de la session législative de 1856.	115
Lettre de l'Empereur à M. le Ministre des travaux publics sur les inondations	118
Discours prononcé par S. M. l'Empereur, à l'ouverture de la session législative de 1857.	125

Renseignements divers.

Compte-rendu de l'exécution du testament de l'Empereur Napoléon Ier, présenté par la commission.	131
Impôt sur les valeurs mobilières	139
Œuvres complètes de Napoléon III.	142
Maison de l'Empereur.	143
Maison militaire.	148
Maison de l'Impératrice	150
Maison des Enfants de France.	151
Maison de S. A. I. le prince Jérôme Napoléon.	152
Maison de S. A. I. le prince Napoléon.	153
Maison de S. A. I. la princesse Mathilde	153
Ministres	154
Sénat	154
Liste de MM. les Sénateurs.	155
Corps législatif et liste de MM. les Députés.	163
Conseil d'Etat	173
Sus aux Cosaques!	180
Romance à l'occasion de la naissance du Prince impérial	182
Mémorial chronologique de la sixième année du règne Impérial (1857-1858).	
Les deux Primes : l'Indicateur illustré des fastes de la paix, orné de vignettes, trophées d'armes, avec 20 portraits, et la Carte coloriée des chemins de fer français	

PRÉFACE.

Notre époque veut la clarté; tous principes doivent être nets, précis, arrêtés.

Au peuple qui commande, qui dirige, qui choisit par son vote les élus appelés à la souveraine puissance, il faut des paroles franches, des théories honnêtes, des engagements assez forts pour lier tout un avenir.

Les hommes sont choisis en connaissance de cause : leurs précédents, leur popularité, leurs écrits, les services rendus, le prestige du nom, la sympathie des masses, tout contribue à déterminer le choix de la majorité des citoyens.

La forme du gouvernement laisse peser la responsabilité sur le chef de l'État, et lui donne, par cela

Dynastie Napoléonienne, pour la stabilité et la perpétuité du Pouvoir, dans l'intérêt de notre chère Patrie.

Nous avons cru devoir inaugurer cet ouvrage, par la publication des Maximes si remarquables de l'Empereur Napoléon Ier, qui a exercé une si grande influence sur la direction du XIXe siècle.

MAXIMES

DE

L'EMPEREUR NAPOLÉON IER.

L'ambition de dominer sur les esprits est une des plus fortes passions.

※

Quand on connaît son mal moral, il faut savoir soigner son âme comme on soigne son bras ou sa jambe.

※

La faculté de penser paraît être l'attribut de l'âme; plus la raison acquiert de perfection, plus l'âme est parfaite, et plus l'homme est moralement responsable de ses actions.

※

Un ennemi est toujours plus ardent à nuire qu'un ami à être utile.

※

Voulez-vous compter vos amis? tombez dans l'infortune.

※

Dans les affaires du monde, ce n'est pas la foi qui sauve, c'est la méfiance.

Il ne faut ni préjugés ni passion dans les affaires : la seule permise est celle du bien public.

L'ambition est à l'homme ce que l'air est à la nature, ôtez l'un au moral et l'autre au physique, il n'y a plus de mouvement.

※

L'amour est l'occupation de l'homme oisif, la distraction du guerrier, l'écueil du souverain.

La seule victoire en amour, c'est la fuite.

※

Un État sans aristocratie est un vaisseau sans gouvernail, un vrai ballon dans les airs.

※

La démocratie peut être furieuse, mais elle a des entrailles, on l'émeut; pour l'aristocratie, elle demeure toujours froide, elle ne pardonne jamais.

※

L'anarchie ramène toujours au gouvernement absolu.

※

C'est par l'argent qu'il faut tenir les hommes à argent.

※

Les sciences qui honorent l'esprit humain, les arts qui embellissent la vie et transmettent les grandes actions à la postérité, doivent être spécialement honorés dans les gouvernements libres.

※

Avec de l'audace, on peut tout entreprendre, on ne peut pas tout faire.

※

C'est un principe qu'il faut souvent changer de place les autorités et les garnisons; l'intérêt de l'État veut qu'il n'y ait pas de places inamovibles.

※

Le plus sûr appui de l'homme est Dieu.

Tout ce qui n'est pas fondé sur des bases physiquement et mathématiquement exactes doit être proscrit par la raison.

※

On ne fait bien que ce qu'on fait soi-même.

※

Le bon sens fait les hommes capables ; l'amour-propre est le vent qui enfle les voiles et conduit leur vaisseau dans le port.

※

Le vrai bonheur social réside dans l'ordre régulier possible et dans l'harmonie des jouissances relatives à chacun.

※

Tout dans la vie est calcul ; il faut tenir la balance entre le bien et le mal.

※

Les chartes ne sont bonnes que quand on les fait marcher ; il ne faut pas que le chef d'un État soit chef de parti.

※

Les ministres de la religion ne doivent jamais s'émanciper dans les affaires civiles ; ils doivent porter la teinte de leur caractère, qui selon l'esprit de l'Évangile, doit être pacifique, tolérant et conciliant.

※

Il faut toujours se conduire par le raisonnement et le calcul.

※

Si, dans une nation, les crimes ou les délits augmentent, c'est une preuve que la misère s'accroît, que la société est mal gouvernée.

※

Les cultes sont à la religion ce que l'appareil est au pouvoir.

※

Le cynisme des mœurs est la perte du corps politique.

On ne gouverne pas une nation éclairée par des demi-mesures, il faut de la force, de la suite et de l'unité dans tous les actes publics.

La première des vertus est le dévouement à la patrie.

Rien de ce qui dégrade l'homme ne peut être utile.

L'Église doit être dans l'État, et non l'État dans l'Église.

L'équilibre politique est une rêverie.

L'esprit humain a fait trois conquêtes importantes : le jury, l'égalité de l'impôt, la liberté de conscience.

Celui qui ne désire pas l'estime de ses concitoyens, en est indigne.
L'estime publique est la récompense des gens de bien.

Dans tout ce qu'on entreprend, il faut donner les deux tiers à la raison et l'autre tiers au hasard. Augmentez la première fraction, vous serez pusillanime, augmentez la seconde, vous serez téméraire.

Toute faction est un composé de dupes et de fripons.

La faiblesse du pouvoir suprême est la plus affreuse calamité des peuples.

Le fanatisme est toujours produit par la persécution.

Le lot des femmes est d'adoucir nos traverses.

Une belle femme plaît aux yeux, une bonne femme plaît au cœur ; l'une est un bijou, l'autre est un trésor.

※

Des finances fondées sur une bonne agriculture ne se détruisent jamais.

※

Machiavel a beau dire, les forteresses ne valent point la faveur des peuples.

※

La froideur est la plus grande qualité d'un homme destiné à commander.

※

Les Français vaudront tout leur prix, lorsqu'ils substitueront les principes à la turbulence, l'orgueil à la vanité, et surtout l'amour des institutions à l'amour des places.

※

La badauderie est le caractère national des Français depuis les Gaulois.

※

La France est le pays où les chefs ont le moins d'influence : s'appuyer sur eux, c'est bâtir sur le sable.

On ne fait de grandes choses en France qu'en s'appuyant sur les masses ; d'ailleurs un gouvernement doit aller chercher son appui là où il est. Il y a des lois morales aussi impérieuses que des lois physiques.

※

Le génie ne garantit pas des misères de la vie.

※

Au fond, le nom et la forme du gouvernement ne font rien à l'affaire ; pourvu que la justice soit rendue à tous les citoyens, qu'ils soient égaux en droit, l'État est bien régi.

※

En dernière analyse, pour gouverner, il faut être militaire ; on ne gouverne un cheval qu'avec des bottes et des éperons.

Quand on règne, on doit gouverner avec sa tête et non point avec son cœur.

Pour qu'il y eût un vrai peuple libre, il faudrait que les gouvernés fussent des sages, et que les gouvernants fussent des dieux.

La raison, la logique, un résultat surtout, doivent être le guide et le but constant de tout ici-bas.

L'homme supérieur est impassible de sa nature ; on le loue, on le blâme, peu lui importe ; c'est sa conscience qu'il écoute.

Les hommes ont leur vertus et leurs vices, leur héroïsme et leur perversité ; il ne sont ni généralement bons, ni généralement mauvais, mais ils possèdent et exercent tout ce qu'il y a de bon et de mauvais ici-bas : voilà le principe. Ensuite le naturel, l'éducation, les accidents, sont les applications. Hors de cela, tout est système, tout est erreur.

Tous les hommes sont égaux devant Dieu : la sagesse, les talents et les vertus mettent seuls de la différence entre eux.

Ne croyez aux paroles des hommes que quand les actions y répondent.

La masse des nations et des partis est plus fidèle qu'on ne croit au sentiment de l'honneur, à la gloire et à l'indépendance nationales.

Les institutions seules fixent les destinées des nations.

L'intérêt qui dirige les hommes d'un pôle à l'autre, est un langage qu'ils apprennent sans grammaire.

Un bon esprit brave l'infortune, et le plus noble courage est de lui résister.

※

Le juste est l'image de Dieu sur la terre.

※

Sans justice, il n'y a que des partis, des oppresseurs et des victimes.

※

En fait de gouvernement, justice veut dire force comme vertu.

※

De la justice dépend l'ordre public. Les juges sont au premier rang de l'échelle sociale ; ils ne sauraient être entourés de trop d'honneurs et de considération.

※

Ce que l'on appelle loi naturelle, n'est que celle de l'intérêt et de la raison.

※

Le pauvre commande le respect, le mendiant doit exciter la colère.

※

Un livre curieux est celui dans lequel on ne trouverait pas de mensonges.

※

On pardonne au mérite, on ne pardonne pas à l'intrigue.

※

On ne fait pas des républiques avec des vieilles monarchies.

※

Le monde est une grande comédie où l'on trouve cent mille Tartufe pour un Molière.

※

C'est dans le moral que se trouve la vraie noblesse ; hors de là, elle n'est nulle part.

※

La modération imprime un caractère auguste aux gouvernements comme aux nations. Elle est toujours la compagne de la force et de la durée des institutions sociales.

※

La vie est semée de tant d'écueils, et peut être la source de tant de maux, que la mort n'est pas le plus grand de tous.

La mort est un sommeil sans réveil.

※

La plus belle mort, c'est celle d'un soldat qui périt au champ d'honneur, si la mort d'un magistrat périssant en défendant le souverain, le trône et les lois, n'était pas plus glorieuse encore.

※

Ceux qui pensent que les nations sont des troupeaux qui, de droit divin, appartiennent à quelques familles, ne sont ni du siècle, ni de l'Évangile.

※

La loi de la nécessité maîtrise l'inclination, la volonté et la raison.

※

La neutralité consiste à avoir mêmes poids et mêmes mesures pour chacun.

※

Tout devient facile quand on suit l'opinion ; elle est la reine du monde.

※

Les grands orateurs qui dominent les assemblées par l'éclat de leurs paroles, sont, en général, les hommes politiques les plus médiocres ; il ne faut point les combattre par des paroles, ils en ont toujours de plus ronflantes que les vôtres ; il faut opposer à leur faconde un raisonnement serré, logique : leur force est dans le vague ; il faut les ramener à la réalité des faits, la pratique les tue.

※

Sans ordre, l'administration n'est qu'un chaos ; point de finances, point de crédit public : et avec la fortune de l'État s'écroulent les fortunes particulières.

L'amour de la patrie est la première vertu de l'homme civilisé.

※

Le moyen le plus sûr de rester pauvre est d'être honnête homme.

※

Le paradis est un lieu central où les âmes de tous les hommes se rendent par des routes différentes ; chaque secte a sa route particulière.

※

Les droits du chef ne sont que ceux du peuple. Le droit du peuple est de se soumettre aux lois.

※

Un peuple qui se livre à des excès est indigne de la liberté ; un peuple libre est celui qui respecte les personnes et les propriétés.

※

Dans un État bien organisé, on ne doit pas savoir où commence le soldat et où finit le citoyen.

※

Les peuples n'ont de force que par la nationalité.

※

L'amour des places dans un peuple est le plus grand échec que puisse éprouver sa moralité.

Quand on veut absolument des places, on se trouve déjà vendu d'avance.

※

La perfection de la philosophie est de se rendre heureux, en pratiquant la vertu.

※

Les mauvais prêtres ont toujours glissé partout la fraude et le mensonge.

※

Un prince accompli aura la conduite de César, les mœurs de Julien, et les vertus de Marc-Aurèle.

La religion, c'est le règne de l'âme, c'est l'espérance, c'est l'ancre de sauvetage du malheur; elle est l'appui de la bonne morale, des vrais principes et des bonnes mœurs.

※

Dans les révolutions, il y a deux sortes de gens : ceux qui les font et ceux qui en profitent.

※

En révolution, on oublie tout. Le bien que vous faites aujourd'hui, demain sera oublié. La face des affaires une fois changée, reconnaissance, amitié, parenté, tous les liens se brisent, et chacun cherche son intérêt.

※

La richesse ne consiste pas dans la possession des trésors, mais dans l'usage qu'on en sait faire.

※

Les richesses ne sont point le partage ordinaire du militaire, du magistrat; il faut les en dédommager par la considération et les égards. Le respect qu'on leur porte entretient le point d'honneur, qui est la véritable force d'une nation.

※

La véritable richesse des États consiste dans le nombre d'habitants, dans leur travail et leur industrie.

※

Dans toute maison bien réglée, il ne faut dépenser que le quart de son revenu pour sa cuisine, le cinquième pour son écurie et le neuvième pour son logement

※

Le ruban d'un ordre lie plus fortement que des chaînes d'or.

※

On peut avec des rubans, parer des courtisans, mais on ne fait pas des hommes.

Le souverain n'a qu'un seul devoir à remplir vis-à-vis de l'État : c'est de faire observer la loi.

※

L'honneur, la gloire, le bonheur du souverain ne peuvent être autre que l'honneur, la gloire, le bonheur du peuple.

※

Le but d'un souverain n'est pas seulement de régner, mais de répandre l'instruction, la morale, le bien-être. Tout ce qui est faux est un mauvais secours.

※

Un souverain n'évite pas la guerre quand il veut ; et, lorsqu'il y est forcé, il doit se hâter de tirer l'épée le premier, pour faire une irruption vive et prompte, sans quoi tout l'avantage est à l'agresseur.

※

On peut être un sot avec de l'esprit ; on ne l'est jamais avec du jugement.

※

Du sublime au ridicule, il n'y a qu'un pas.

※

Le succès fait le grand homme.

※

Le suicide est le plus grand des crimes. Quel courage peut avoir celui qui tremble devant un revers de fortune ? Le véritable héroïsme consiste à être supérieur aux maux de la vie.

※

En fait de système, il faut toujours se réserver le droit de rire le lendemain de ses idées de la veille.

※

La théologie n'est-elle pas réservée pour le ciel. Pouvons-nous, ici-bas, faire de Dieu l'objet de nos discussions ?

La théologie est, dans la religion, ce que les passions sont aux aliments.

✸

Les bienfaits de la tolérance sont les premiers droits des hommes ; elle est la première maxime de l'Évangile, puisqu'elle est le premier attribut de la charité.

✸

Un empire comme la France peut et doit avoir quelques hospices de fous appelés trappistes.

✸

Un trône n'est qu'une planche garnie de velours.

✸

Le courage affermit un trône ; la lâcheté, l'infamie l'ébranlent : il vaut mieux abdiquer.

✸

La plus insupportable des tyrannies est la tyrannie des subalternes.

✸

La vie d'un homme heureux est un tableau à fond d'argent, avec quelques étoiles noires. La vie d'un homme malheureux est un fond noir avec quelques étoiles d'argent.

✸

La vie intime est la garantie d'un bon ménage ; elle assure le crédit de la femme, la dépendance du mari et maintient l'intimité et les bonnes mœurs.

✸

Les vices sont nécessaires à l'état de la société commes les orages à l'atmosphère. Si l'équilibre se rompt entre le bien et le mal, l'harmonie cesse, il y a révolution.

✸

La vie privée d'un homme est un réflecteur où l'on peut lire et s'instruire fructueusement.

PENSÉES, OPINIONS

DE

L'EMPEREUR NAPOLÉON III.

Si la grande question de l'abolition de l'esclavage eût été conduite par des gouvernements, par des hommes voulant sincèrement le bien de l'humanité, c'est-à-dire la prospérité de la race blanche et de la race noire, ils eussent d'abord habitué les esclaves de leurs colonies, en les soumettant à un apprentissage graduel, à passer insensiblement du travail forcé au travail libre.

La propriété des deux tiers de l'Amérique dépendait de l'esclavage et de la traite.

Au bienfait de la liberté pour les noirs est venu s'ajouter la compensation d'une indemnité pour les colons. Une équitable répartition sera, il faut l'espérer, un élément de paix, de travail et de prospérité.

Une bonne administration se compose d'un système régulier d'impôt, d'un mode prompt et égal pour les pouvoirs, d'un système de finances qui assure le crédit, d'une magistrature considérée, qui fasse respecter la loi; enfin, d'un système de rouages administratifs, qui porte la vie du centre aux extrémités, et des extrémités au centre.

※

Quelle que soit la politique du gouvernement, il faut à la France une armée, une administration, une agriculture, une industrie, un commerce, des rapports avec les nations étrangères ; tous ces différents intérêts ne seraient bien réglés dans leurs détails que par des hommes spéciaux.

※

L'agriculture est le premier élément de la prospérité d'un pays, parce qu'elle repose sur des intérêts immuables et qu'elle forme la population saine, vigoureuse, morale des campagnes.

※

Il est avéré que l'extrême division des propriétés tend à la ruine de l'agriculture, et cependant le rétablissement de la loi d'aînesse, qui maintenait les grandes propriétés et favorisait la grande culture, est une impossibilité. Il faut même nous féliciter, sous le point de vue politique, qu'il en soit ainsi.

※

Notre loi égalitaire de la division des propriétés ruine l'agriculture ; il faut remédier à cet inconvénient par une association qui, employant tous les bras inoccupés, recrée la grande culture sans aucun désavantage pour nos principes politiques.

※

L'agriculture et l'industrie étant les deux causes de vitalité, tandis que le commerce extérieur n'est que l'effet, un gouvernement sage ne doit jamais sacrifier les intérêts majeurs des premiers aux intérêts secondaires des derniers.

※

Quelque tyrannique que fût le joug du propriétaire foncier, quelque vexatoires que fussent les dîmes et les servages, le seigneur féodal ne pouvait séquestrer complètement à son profit cette terre sur laquelle ses vassaux respiraient, marchaient, dormaient, et où du moins le soleil venait éclairer leur misère.

※

L'aristocratie territoriale a été vaincue en France, la poudre a renversé ses donjons, et la révolution a dit au peuple : Cette terre que tu foules aux pieds, que tu arroses de tes sueurs, qui sans toi resterait inculte, prends-la, je te la donne. Le peuple se l'est partagée, et le sol n'en a été que plus fécond.

※

Le premier devoir d'un administrateur sage et habile est de s'efforcer, par l'amélioration de l'agriculture et du sort du plus grand nombre, d'augmenter la consommation intérieure, qui est loin d'être arrivée à son apogée.

※

Une nation est coupable de remettre à la merci des autres son approvisionnement des denrées de première nécessité.

※

Pouvoir d'un jour à l'autre être privé de pain, de sucre, de fer, c'est livrer sa destinée à un décret étranger, c'est une sorte de suicide anticipé qu'on a voulu prévenir en accordant une protection spéciale aux grains et aux fers français.

※

Il est impossible de restreindre la consommation d'une denrée devenue indispensable.

※

Les intérêts de l'agriculture et de l'industrie ne doivent pas être lésés au profit du commerce extérieur, et encore moins au profit du fisc.

※

Ordinairement les revenus du sol sont partagés en trois parties, sans compter celle du fisc. La première fait vivre les ouvriers qui travaillent la terre, la deuxième est l'apanage du fermier, la troisième enrichit le propriétaire.

Le principal progrès de l'agriculture réside dans la suppression des jachères.

L'agriculture, en France, est loin d'avoir atteint tous les perfectionnements désirables. Sur 24,118,944 hectares de terres labourables, il y a annuellement 6,763,281 hectares livrés aux jachères, c'est-à-dire qui restent incultes ou qui sont abandonnés à des cultures très secondaires, car ils ne produisent, d'après la statistique agricole de la France, que 92,285,902 fr. (moyenne du produit par hectare, 13 fr. 25 c.) Si ce nombre d'hectares était cultivé, ils rapporteraient 1,075,361,679 f., en comptant 159 fr. par hectare la valeur moyenne du produit des terres ensemencées. L'augmentation annuelle des revenus agricoles serait de 983,000,000 fr.

Le travail qui crée l'aisance, et l'aisance qui consomme, voilà les véritables bases de la prospérité d'un pays.

Pour que l'aisance se répande dans toutes les classes, il faut non-seulement que les impôts soient diminués, mais encore que le gouvernement ait un aspect de stabilité qui tranquillise les citoyens et permette de compter sur l'avenir.

Il n'y a de pacte que d'égal à égal.

Une alliance doit être le résultat de longs rapports bienveillants entre les nations et non le fruit d'un entraînement soudain.

La polémique s'est appliquée à faire valoir tour à tour les avantages de l'alliance anglaise ou de l'alliance russe, comme s'il fallait absolument que la France se liât avec l'une de ces deux grandes puissances. A entendre ces deux uniques thèses retentir dans le monde politique, il semblerait que la France ait besoin d'une autre force que la sienne propre pour se faire respecter, d'une autre voix que la sienne pour être écoutée dans les congrès des rois.

※

Nous désirons qu'une bonne intelligence règne entre les deux peuples les plus civilisés du globe, mais à condition que les droits et la dignité de chacun auront été pesés avec le même poids dans la même balance, et que les hommes chargés de la haute mission d'accorder deux peuples rivaux n'auront d'autre but que le bonheur de la France et le développement de ses richesses agricoles, industrielles et commerciales; développement qui n'a lieu que lorsque l'on suit une politique franche, énergique, nationale.

※

Empêcher l'anarchie est plus facile que la réprimer.

※

Donnez au prolétaire le plus anarchique des droits, une place légale dans la société, vous en faites à l'instant un homme d'ordre, dévoué à la chose publique, car vous lui donnez des intérêts à défendre.

※

Les secours publics sont une dette sacrée. La société doit la subsistance aux citoyens malheureux, soit en leur procurant du travail, soit en assurant les moyens d'exister à ceux qui sont hors d'état de travailler.

※

Actuellement on compte en France plus de 1,300 établissements publics pour les malades, les vieillards, les enfants, etc., dont les revenus annuels dépassent la somme de 53,000,000 de francs.

Il faut y ajouter près de 8,000 bureaux de bienfaisance pour la distribution de secours à domicile, qui possèdent environ 13,300,000 francs de revenus ordinaires.

Enfin d'autres services charitables, relatifs aux monts-de-piété, aux enfants trouvés, aux aliénés indigents, aux sourds-muets et aux aveugles, emploient au soulagement des infortunes des sommes qui s'élèvent à près de 50,000,000 de francs. C'est donc environ 116 millions par an qui sont consacrés à l'assistance publique, sans compter les charités privées, dont il est impossible de calculer l'importance, même approximativement.

Le droit d'association est la base fondamentale d'un gouvernment représentatif.

❈

Tous ceux qui ont fondé leur autorité sur l'égoïsme et les mauvaises passions ont bâti sur le sable.

❈

Lorsque les changements successifs de constitution ont ébranlé le respect dû à la loi, il faut recréer l'influence légale, avant que la liberté soit possible.

❈

L'avancement s'obtient par le mérite, le courage et l'ancienneté, il suppose toujours une instruction préalable acquise dans des écoles, ou en particulier.

❈

Sans sécurité pour l'avenir, point de prospérité.

❈

L'incertitude de l'avenir, est le pire de tous les maux.

❈

Le défaut de sécurité dans le présent, de foi dans l'avenir, détruit le crédit, arrête le travail, diminue les revenus publics et privés, rend les emprunts impossibles, et tarit les ressources de la richesse.

Si les partis, habitués qu'ils sont à mépriser l'autorité, sapaient toutes les bases de l'édifice social, alors le nom de Napoléon serait une ancre de salut pour tout ce qu'il y a de généreux et de vraiment patriote en France.

※

Tant qu'un besoin impérieux se fait sentir pour une société, elle trouve toujours moyen d'y satisfaire.

※

Heureux ceux dont la vie s'écoule au milieu de leurs concitoyens, et qui, après avoir servi leur patrie avec gloire, meurent à côté du berceau qui les a vus naître.

※

Le but de la société est le bonheur commun.

※

Le banquier qui cherche le produit d'un intérêt simple ou composé ne fait qu'un calcul d'écolier; mais celui qui fait entrer dans ses combinaisons, comme les inconnues d'une équation, toutes les causes physiques et morales qui font vivre, marcher et vaincre une armée; celui qui calcule combien un grand mot qui va à l'âme de ses soldats peut multiplier leur force, et qui fixe leur nombre, suivant les sympathies ou les répulsions que le drapeau de la démocratie française doit rencontrer chez les peuples étrangers; ah certes, celui-là fait plus que de l'arithmétique, il résout les plus grands problèmes de mathématiques transcendantes, car au bout de ses calculs se trouvent comme résultat : gloire, nationalité, civilisation.

※

L'excès de centralisation, sous l'empire, ne doit pas être

considéré comme un système définitif et arrêté, mais plutôt comme un moyen.

※

Les colonies ont été établies dans l'intérêt des métropoles, et non les métropoles dans l'intérêt des colonies.

※

Deux seuls motifs ont toujours présidé à l'établissement des colonies : l'intérêt commercial ou l'intérêt guerrier.

※

L'Algérie et la Guyane sont les seules et uniques possessions d'outre-mer qui puissent réellement devenir d'un grand profit pour la France.

※

Si nous avions une guerre, il faudrait pour défendre nos possessions d'outre-mer environ les forces suivantes : pour l'Algérie, 60,000 hommes ; pour la Guadeloupe et la Martinique, 10,000 hommes ; pour la Guyanne, 3,000 hommes ; pour Bourbon 3,000 hommes ; pour les comptoirs d'Afrique, 2,000 hommes ; pour les îles Marquises et de la Société, 10,000 hommes ; quant à Pondichéry et Chandernagor, on conçoit qu'il serait difficile d'évaluer ce qu'il faudrait pour résister aux forces imposantes des Anglais dans l'Inde ; cela ferait un total d'environ 100,000 hommes, sans compter les vaisseaux, le matériel, et par conséquent l'argent que coûteraient ces divers armements.

※

Pour un peuple l'honneur, pour un individu la morale évangélique, sont toujours les meilleurs guides et les meilleurs conseillers au milieu des embarras et des périls de la vie.

※

La conscription, qui malheureusement pesa tant sur la France, fut une des plus grandes institutions du siècle. Non-seulement elle consacrait le principe d'égalité, mais comme l'a dit le général Foy « elle devrait être le palladium de notre indépendance, parce que, mettant la nation dans l'armée et l'armée dans la nation, elle fournit à la défense des ressources inépuisables.

Le recrutement par arrondissement aurait cet immense avantage de diminuer la mortalité effrayante qui sévit parmi les jeunes conscrits, et qui a pour cause les longs trajets qu'ils sont obligés de faire pour rejoindre leurs corps, et le mal du pays qui s'empare d'eux, lorsqu'on les envoie, quelquefois dès les premiers mois, à 300 lieues de leur lieu natal.

Nous ne produisons pas trop, mais nous ne consommons pas assez.

Une loi ou une charte, privée de l'appui général de l'opinion, n'est qu'un chiffon de papier. Mais elle devient une arche sainte lorsque l'intérêt public en garantit tous les mots, et qu'en effacer un, ou ne pas les exécuter tous, est pour le pouvoir un arrêt de mort.

C'est l'énergie, c'est la profonde conviction, qui seules triomphent.

Cromwel, qui pendant cinq ans occupa la première place, parce que le fanatisme politique et religieux demandait un chef, ne put rien fonder. Il ne fut qu'un habile timonier pendant la tempête. Amené au pouvoir par les orages, le calme l'eût renversé. Au lieu de créer de nouveaux intérêts, il eut toujours à lutter contre ces vieilles coutumes de liberté qui étaient enracinées dans la nation.

Toute question doit être envisagée sous le triple rapport des intérêts, du droit et de la justice.

L'industrie appelle tous les jours les hommes dans les villes et les énerve. Il faut rappeler dans les campagnes ceux qui sont de trop dans les villes et retremper en plein air leur esprit et leur corps.

Ce qui distingue les doctrinaires, c'est que dans tous les pays, cette secte met toujours ses théories et ses désirs à la place de la réalité.

On ne peut remplacer un droit acquis et reconnu qu'en lui opposant un autre droit légalement acquis et légalement reconnu.

Si je rappelle des droits déposés par la nation dans les mains de ma famille, c'est uniquement pour expliquer les devoirs que ces droits nous imposent.

L'identité des intérêts entre le souverain et le peuple, voilà la base essentielle d'une dynastie.

Tous les hommes sont égaux par la nature et devant la loi.

Pour les peuples comme pour les individus, l'égalité seule est la source de toute justice.

Le début de l'homme d'État doit être de détruire autant que faire se peut l'esprit de caste, et d'unir tous les citoyens dans une même pensée comme dans un même intérêt.

L'égoïsme ne profite ni aux individus ni aux peuples, et c'est une mauvaise politique que celle qui fait abandonner ses amis de peur de déplaire à ses ennemis.

Les peuples libres ne connaissent d'autres motifs de préférence dans leurs élections que les vertus et les talents.

※

Avec une tribune, une chambre ressemble trop à un théâtre où les grands acteurs seuls peuvent réussir. Sans tribune, au contraire, les chambres prennent le caractère d'hommes graves, qui discutent leurs intérêts sans emphase et sans apparat. Avec une tribune, les avocats remportent, en général, tous les triomphes. Sans tribune, tout homme de bon sens peut exercer l'influence que donne sur ses semblables l'expression d'un sentiment vrai, d'une idée juste, dépouillée de toute ostentation et de tout luxe de paroles.

※

Le grand désavantage de la tribune, c'est de ne permettre qu'aux orateurs consommés de parler, et souvent les grands orateurs ne sont pas les hommes les plus logiques, ni ceux qui approfondissent les questions.

※

Il n'est donné qu'à peu de personnes d'apporter une parole éloquente au service d'idées justes et saines ; n'y a-t-il donc qu'une seule manière de servir son pays ? Ce qu'il lui faut, c'est un gouvernement ferme, intelligent et sage qui pense plus à guérir les maux qu'à les venger, un gouvernement qui se mette franchement à la tête des idées vraies, pour repousser ainsi mille fois mieux que par les baïonnettes, les théories qui ne sont pas fondées sur l'expérience et la raison.

※

Tous les citoyens sont également admissibles aux emplois publics.

※

Restreindre dans de justes limites le nombre des emplois qui dépendent du pouvoir et qui souvent font d'un peuple libre un peuple de solliciteurs.

La nature de l'empire fut de consolider un trône sur les principes de la révolution, de cicatriser toutes les plaies de la France, de régénérer les peuples ; ses passions, l'amour de la patrie, de la gloire, de l'honneur.

✴

Consul ou empereur, la mission de Napoléon fut toujours la même. Consul, il établit en France les principaux bienfaits de la révolution ; empereur, il répandit dans toute l'Europe ces mêmes bienfaits.

Sa mission, d'abord purement française, fut ensuite humanitaire.

✴

L'empire tomba pour avoir étendu trop loin son action civilisatrice. Il n'était donné, ni à la plus grande nation, ni au plus grand génie de combattre à la fois l'ancien régime sur les bords du Tage et sur ceux de la Moskowa, et de régénérer l'Europe en dix ans !

✴

L'empire a froissé quelques-unes des vérités nouvelles, méconnu quelques vérités ; mais le consulat est resté pour tous les vrais patriotes, l'emblême le plus pur de la révolution, une des plus belles pages de notre histoire.

✴

La gloire de l'empire a été si grande, qu'elle a éclipsé toutes les individualités des acteurs secondaires, et il n'est resté de ce drame, dans l'esprit des masses, que deux immenses figures : le grand homme et le grand peuple.

✴

La France doit se féliciter que le système d'emprunt, qui écrase aujourd'hui l'Angleterre, n'ait pas été mis en vigueur sous l'empire.

✴

Le plus grand ennemi d'une religion est celui qui veut l'imposer ; le plus grand ennemi de la royauté, celui qui la dégrade ; le plus grand ennemi du repos de son pays, celui qui rend une révolution nécessaire.

※

Pour être digne de créer l'enthousiasme, il faut avoir des principes arrêtés, choisir une bannière et vaincre ou mourir avec elle.

※

L'épée d'Austerlitz ne doit pas être dans les mains ennemies ; il faut qu'elle puisse être encore brandie au jour du danger pour la gloire de la France.

※

Aux États-Unis d'Amérique, nous voyons de grandes choses ; mais où trouver un seul rapport entre ce pays et la France ? Les États-Unis ne sont pas encore un monde social ; car l'organisation d'un tel monde suppose la fixité et l'ordre ; la fixité, l'attachement au sol, à la propriété, conditions impossibles à remplir, tant que l'esprit commerçant et la disproportion entre le nombre d'habitants et la grandeur du territoire ne feront regarder la terre que comme une marchandise. L'homme n'a pas encore pris racine en Amérique, il ne s'est pas incorporé à la terre ; les intérêts sont personnels et non territoriaux. En Amérique, le commerce est en première ligne ; ensuite vient l'industrie, et en dernier lieu l'agriculture ; c'est donc l'Europe renversée.

※

Ce n'est pas le hasard qui règle les destinées des nations, ce n'est pas un accident imprévu qui renverse ou qui maintient les trônes ; il y a une cause générale qui règle les événements et les fait dépendre les uns des autres.

※

L'instabilité des esprits est commune à toutes les époques de transition, lorsque ceux qui gouvernent abandonnent au hasard des événements le passage d'un ancien système à un nouveau, au lieu de lui imprimer une direction ferme et régulière.

※

Nous ne bercerons pas le peuple d'illusions et d'utopies, qui n'exaltent les imaginations que pour aboutir à la déception et à la misère.

※

Les finances fondées sur une bonne agriculture, ne se détruisent jamais.

※

Les finances d'un grand État doivent offrir les moyens de faire face aux circonstances extraordinaires, et même aux vicissitudes des guerres les plus acharnées, sans qu'on soit obligé d'avoir recours à de nouveaux impôts dont l'établissement est toujours difficile.

Tout système financier doit se réduire désormais à ce problème : soulager les classes pauvres.

※

Il est devenu indispensable maintenant de rétablir l'équilibre entre les dépenses et les recettes ; on ne peut y parvenir qu'en réduisant les dépenses et en ouvrant de nouvelles sources de revenus.

※

Plus une autorité a de force morale, moins l'emploi de la force matérielle lui est nécessaire ; plus l'opinion lui confère de pouvoir, plus elle peut se dispenser d'en faire usage.

※

Quand on a l'honneur d'être à la tête du peuple français, il y a un moyen infaillible de faire le bien : c'est de le vouloir.

※

Jamais je n'ai cru et jamais je ne croirai que la France soit l'apanage d'un homme et d'une famille.

Un pays comme la France, qui a été si richement doté du ciel, renferme en lui-même tous les éléments de sa prospérité.

Il est dans la destinée de la France d'ébranler le monde lorsqu'elle se remue, de le calmer lorsqu'elle se modère. Aussi l'Europe nous rend-elle responsable de son repos ou de son agitation. Cette responsabilité nous impose de grands devoirs; elle domine notre situation.

En fait de politique, nous ne comprenons que les systèmes clairs et nets.

La politique d'un grand peuple doit être nette et tranchée, et le parti qui ne sait triompher que par des équivoques, est bien impuissant !

Gouverner, ce n'est pas dominer les peuples par la force et la violence ; c'est les conduire vers un meilleur avenir, en faisant appel à leur raison et à leur cœur.

Faire appel aux passions vulgaires de la foule, n'est pas gouverner.

Les gouvernements ont été établis pour aider la société à vaincre les obstacles qui entravaient sa marche.

Un gouvernement n'est pas, comme l'a dit un économiste, *un ulcère nécessaire,* mais c'est plutôt le moteur bienfaisant de tout organisme social.

Lorsqu'un gouvernement combat les idées et les vœux d'une nation, il produit toujours des résultats opposés à ses projets.

Notre opinion a toujours été que, malgré ses dangers, une politique grande et généreuse, convient seule à notre patrie, car l'honneur est toujours le meilleur guide.

⁂

Le meilleur gouvernement est celui qui remplit bien sa mission, c'est-à-dire celui qui se formule sur le besoin de l'époque, et qui, en se modelant sur l'état présent de la société, emploie les moyens nécessaires pour frayer une route plane et facile à la civilisation qui s'avance.

⁂

On ne fonde solidement que sur le roc ; or, bâtir sur le roc aujourd'hui, c'est asseoir le gouvernement sur une organisation démocratique.

⁂

C'est une grande et sainte mission, bien digne d'exciter l'ambition des hommes, que celle qui consiste à apaiser les haines, à guérir les blessures, à calmer les souffrances de l'humanité en réunissant les citoyens d'un même pays dans un intérêt commun, et en accélérant un avenir que la civilisation doit amener tôt ou tard.

⁂

Dans un État bien organisé, il faut toujours que les deux mouvements contraires se fassent sentir : l'un qui de la base de l'édifice remonte vers le sommet, et l'autre qui du sommet redescende vers la base.

⁂

Les gouvernements sont impuissants lorsqu'ils veulent aller contre le sentiment général d'un pays.

Ils peuvent bien momentanément réprimer les insurrections, étouffer les plaintes, corrompre des individus ; mais ce qu'ils prennent d'un côté, il faut qu'ils le rendent de l'autre ; tout ce qu'ils retranchent par la force de la vitalité des faits va germer et se développer dans le domaine des esprits.

Ce ne sont pas seulement les lois qui protègent les citoyens, c'est aussi la manière dont elles sont exécutées, c'est la manière dont le gouvernement exerce le pouvoir.

※

Le meilleur gouvernement sera celui où tout abus pourra toujours être corrigé, où sans bouleversement social, sans effusion de sang, on pourra changer les lois et le chef de l'État, car une génération ne peut assujétir à ses lois les générations futures.

※

Le génie de notre époque n'a besoin que de la simple raison. Il y a trente ans, il fallait deviner et préparer ; maintenant il ne s'agit que de voir juste et recueillir.

※

L'état de la civilisation en Europe ne permet de livrer son pays aux hasards d'une collision générale, qu'autant qu'on a pour soi, d'une manière évidente, le droit et la nécessité. Un intérêt secondaire, une raison plus ou moins spécieuse d'influence politique, ne suffisent pas ; il faut qu'une nation comme la nôtre, si elle s'engage dans une lutte colossale, puisse justifier, à la face du monde, ou la grandeur de ses succès, ou la grandeur de ses revers.

※

Marchez à la tête des idées de votre siècle, ces idées vous suivent et vous soutiennent.
Marchez à leur suite, elles vous entraînent.
Marchez contre elles, elles vous renversent.

※

Partout où j'apercevrai une idée féconde en résultats pratiques, je la ferai étudier, et si elle est applicable, je proposerai de l'appliquer.

※

Si les sommes prélevées chaque année sur la généralité des

habitants sont employées à des usages improductifs, comme à créer des places inutiles, à élever des monuments stériles, à entretenir au milieu d'une paix profonde une armée plus dispendieuse que celle qui vainquit à Austerlitz, l'impôt, dans ce cas, devient un fardeau écrasant; il épuise le pays, il prend sans rendre; mais si, au contraire, les ressources sont employées à créer de nouveaux éléments de productions, à rétablir l'équilibre des richesses, à détruire la misère en activant et en organisant le travail, à guérir enfin les maux que notre civilisation entraîne avec elle, alors certainement l'impôt devient pour les citoyens, comme l'a dit un jour un ministre à la tribune, le meilleur des placements.

L'industrie est une nouvelle propriété.

Autrefois il n'y avait, à proprement parler, qu'une seule espèce de propriété, la terre; un petit nombre d'hommes la possédait; les nobles s'en étaient emparés. Mais les progrès de la civilisation ont fait naître une autre espèce de propriété, l'industrie, plus dangereuse que la première, parce qu'elle peut être plus facilement accaparée.

Pour créer l'industrie, il faut la science qui invente, l'intelligence qui applique, les capitaux qui fondent, les droits de douane qui protégent jusqu'au développement complet.

Le but évident auquel tendent les partisans de la liberté commerciale est de procurer le bien-être de la majorité des consommateurs, en faisant baisser le prix de tous les produits de première nécessité. C'est dans ce but qu'ils ont vanté les machines, dont le résultat immédiat a été la baisse des valeurs des objets fabriqués.

L'industrie repose trop souvent sur des bases éphémères, et quoique, sous certains rapports, elle développe davantage les intelligences, elle a l'inconvénient de créer une population malingre qui a tous les défauts physiques provenant d'un travail malsain dans des lieux privés d'air, et les défauts moraux résultant de la misère et de l'agglomération d'hommes sur un petit espace.

L'injustice n'a jamais raffermi un trône.

Les hommes sont ce que les institutions les font ; et, d'un autre côté, les institutions doivent être en rapport avec ce que la civilisation exige que les hommes soient.

Toutes les fois qu'une nouvelle idée surgit, elle entraîne avec elle de nouveaux avantages et de nouveaux inconvénients, l'œuvre du génie est d'établir la balance et de voir de quel côté le plateau s'incline.

Une idée surgit, elle reste à l'état de problème pendant des années, des siècles même, jusqu'à ce qu'enfin des modifications successives lui permettent d'entrer dans le domaine de la pratique.

La perversité, quelque habile qu'elle soit, a tort de se vanter de ses victoires passagères ; car, en dernier lieu, c'est la justice seule qui triomphe.

Le plus difficile n'est pas d'acquérir la liberté, c'est de la conserver.

Pour être libre, ce qui n'est qu'une conséquence de l'indépendance, il faut que tout un peuple indistinctement puisse concourir aux élections des représentants de la nation ; il faut que la masse, qu'on ne peut jamais corrompre, et qui ne flatte, ni ne dissimule, soit la source constante d'où émanent les pouvoirs.

※

Diriger les masses, est plus facile que suivre leurs passions.

※

Les grands hommes ont cela de commun avec la Divinité, qu'ils ne meurent jamais tout entier. Leur esprit leur survit.

※

Ma conviction me fait envisager la cause Napoléonienne comme la seule cause nationale en France, comme la seule cause civilisatrice en Europe.

※

Rétablir l'ordre, c'est ramener la confiance, pourvoir par le crédit à l'insuffisance passagère des ressources, restaurer les finances, ramener le commerce.

※

Créer l'aisance, c'est assurer l'ordre.

※

Aujourd'hui, le règne des castes est fini ; on ne peut gouverner qu'avec les masses ; il faut donc les organiser pour qu'elles puissent formuler leurs volontés, et les discipliner pour qu'elles puissent être éclairées sur leurs propres intérêts.

※

Quand, dans un pays, il y a des partis acharnés les uns contre les autres, des haines violentes, il faut que ces partis disparaissent, que ces haines s'apaisent avant que la liberté soit possible.

Habitué dès mon enfance à chérir mon pays au-dessus de tout, je ne saurais rien préférer aux intérêts français.

※

N'ayez d'autre préoccupation que le bien du pays, et surtout n'ayez pas peur du peuple ; il est plus conservateur que vous.

※

Depuis que le monde existe, le progrès a toujours eu lieu. Pour le reconnaître, il suffit de mesurer la route suivie par la civilisation.

※

Protéger la propriété, c'est maintenir l'inviolabilité des produits de tous les travaux ; c'est garantir l'indépendance et la sécurité de la possession, fondements indispensables de la liberté civile.

※

On doit protéger ceux qui souffrent et non ceux qui prospèrent.

※

Un peuple a toujours le droit de revoir, de réformer, et de changer sa constitution. Une génération ne peut assujétir à ses lois les générations futures.

※

Il faut régner ou par la force morale ou par la force brutale.

※

Protéger la religion et la famille, c'est assurer la liberté des cultes et la liberté de l'enseignement.

※

Oter au clergé sa rétribution de l'État, c'est exclure le pauvre de l'Église.

※

Lorsque la religion chrétienne s'étendit, les nations l'adoptèrent avant de comprendre toute sa morale. L'influence d'un grand génie, semblable en cela à l'influence de la Divinité, est un fluide qui se répand comme l'électricité, exalte les imaginations, fait palpiter les cœurs, et entraîne parce qu'elle touche l'âme avant que de persuader.

※

La nature de la république fut d'établir le règne de la liberté et de l'égalité; et les passions qui la firent agir, l'amour de la patrie et l'extermination de tous ses ennemis.

※

La France flotte depuis quarante ans entre les révolutions et les contre-révolutions ; la religion des principes y est à créer.

※

La richesse d'un pays dépend de la prospérité de l'agriculture et de l'industrie, du développement du commerce intérieur et extérieur, de la juste et équitable répartition des revenus publics.

※

Un souverain ne reste à la tête d'une société en travail qu'à la condition de la diriger, et il ne dirige qu'à la condition de favoriser et de régler les conditions nouvelles.

※

Un homme de cœur ne veut pas régner par amour du rang suprême, mais pour accomplir une mission et pour faire triompher une cause.

※

La souveraineté réside dans le peuple, elle est une, indivisible, imprescriptible et inaliénable.

※

La forme du gouvernement est stable lorsqu'elle est appuyée sur toute la nation, parce qu'alors aucune classe n'est repoussée, que la carrière est ouverte à tous les mérites sans donner prise aux ambitions funestes des factions ; parce qu'enfin le pouvoir a la force nécessaire pour protéger sans avoir celle d'empiéter sur les droits du peuple.

✧

Un gouvernement est inébranlable lorsqu'il peut se dire : ce qui profitera au plus grand nombre, ce qui assurera la liberté des citoyens, fera aussi la force de mon autorité et consolidera mon pouvoir.

✧

Qu'un gouvernement accepte franchemeut le principe de la souveraineté du peuple, c'est-à-dire l'élection, il aura pour lui tous les esprits ; car quel est l'individu, la caste, le parti qui oserait attaquer le droit, produit légal de la volonté de tout un peuple ?

✧

Un gouvernement, fort de l'assentiment des masses, s'élance hardiment vers l'avenir, et, loin de s'acharner à déblayer une mine épuisée par le temps, il met tous ses soins à exploiter les couches les plus fécondes de la nature morale et physique, les nobles instincts d'un grand peuple, et les immenses ressources d'un grand empire.

✧

Le premier intérêt d'un pays ne consiste pas dans le bon marché des objets manufacturés, mais dans l'alimentation du travail. Créer le plus d'activité possible, employer tous les bras oisifs, tel doit être le premier soin du gouvernement.

✧

Il n'y a que deux systèmes : l'un qui place l'alimentation du travail bien avant le bon marché du produit ; l'autre, qui considère le bas prix de la marchandise comme le premier élément de prospérité.

DES IDÉES NAPOLÉONIENNES.

L'idée Napoléonienne consiste à reconstituer la société française bouleversée par cinquante ans de révolution, à concilier l'ordre et la liberté ; les droits du peuple et les principes d'autorité. Elle n'attache d'importance qu'aux choses ; elle hait les paroles inutiles. Les mesures que d'autres discutent pendant dix ans, elle les exécute en une seule année : ayant confiance dans sa force, elle repousse loin d'elle la corruption, la flatterie et le mensonge, ces vils auxiliaires de la faiblesse. Cette influence qu'elle exerce sur les masses, elle veut l'employer, non pas à bouleverser la société, mais au contraire à la rasseoir et à la réorganiser. L'idée Napoléonienne est donc en résumé, par sa nature, une idée de paix plutôt qu'une idée de guerre, une idée d'ordre et de reconstitution, plutôt qu'une idée de bouleversement. Elle professe sans fiel et sans haine la morale politique que le grand homme conçut le premier ; elle developpe ces grands principes de justice, d'autorité, de liberté, qu'on oublie trop souvent dans les temps de troubles. Voulant surtout persuader et convaincre, elle prêche la concorde et la confiance, et en appelle plus volontiers à la raison qu'à la force.

L'Empereur Napoléon a contribué plus que tout autre à accélérer le règne de la liberté, en sauvant l'influence morale de la révolution, et en diminuant les craintes qu'elle inspirait. Sans le Consulat et l'Empire, la révolution française n'eût été qu'un grand drame qui laisse de grands souvenirs, mais peu de traces. La révolution se serait noyée dans la contre-révolution, tandis que le contraire a eu lieu, parce que Napoléon enracina en France et introduisit partout en Europe les principaux bienfaits de la grande crise de 89, et que, pour nous servir de ses expressions, il dessouilla la révolution, affermit les rois et ennoblit les peuples.

On doit donc le regarder comme le Messie des idées nouvelles de la société. La nation répondit affirmativement à la demande de son pouvoir héréditaire par quatre millions de votes ; en effet, un jour seul ne fait pas d'une république de cinq cents ans une monarchie héréditaire, ni d'une monarchie de quatorze cents ans une république élective.

❈

Admirons l'esprit Napoléonien ; il ne fut jamais ni exclusif ni intolérant. Supérieur aux petites passions, généreux comme le peuple qu'il était appelé à gouverner, l'Empereur professa toujours cette maxime : qu'en politique il faut guérir les maux, jamais les venger.

❈

L'organisation administrative sous l'Empire, ne peut se constituer que par la centralisation, seul moyen praticable d'établir un régime stable et d'en faire un tout compact, capable à la fois de résister à l'Europe et de supporter plus tard la liberté.

❈

L'Empereur établissait la classification suivante : l'agriculture, l'âme, la base de l'Empire ; l'industrie, l'aisance, le bonheur de la population ; le commerce extérieur, la surabondance, le bon emploi des deux autres ; l'armée, de son côté, subit toutes les améliorations nécessaires et désirables, et se signala par les glorieux hauts faits qui l'ont illustrée à la postérité. L'univers entier connaît les exploits qui, depuis Arcole jusqu'à Waterloo, secondèrent les entreprises gigantesques de

Napoléon, et mouraient pour lui avec bonheur, parce qu'ils savaient que c'était mourir pour la France.

※

L'agriculture n'a cessé de faire de grands progrès sous l'Empire ; l'industrie, en quelque sorte, créée et encouragée, atteignit bientôt un degré extraordinaire de prospérité, en faisant concourir les sciences à son amélioration ; le commerce extérieur, depuis Hambourg jusqu'à Rome, prit un immense développement ; le progrès social fut très favorisé par les travaux publics exécutés sur une grande échelle durant son règne ; sous un régime éclairé comme celui de l'Empire, l'instruction publique devait participer à l'impulsion imprimée par le chef de l'État à toutes les branches de l'administration ; l'Université Impériale fut constituée exclusivement à la tête de l'enseignement public, régie et gouvernée par le grand maître, nommé par l'Empereur et révocable ; la célèbre école Polytechnique fournit des officiers distingués aux armées, et dans toutes les autres branches des sciences pratiques.

※

L'Institut national fut chargé de dresser un tableau général des progrès des sciences, des lettres et des arts depuis 1789 ; il était tenu de le faire présenter tous les cinq ans, au gouvernement, par une députation. On voit donc d'après ces faits, que l'Empereur donna à l'instruction le même élan qu'à l'industrie ; et on peut le dire avec Thibaudeau, que ce sont les élèves des lycées qui, après la chute de l'Empire, ont continué dans les arts, les sciences et les lettres, la gloire de la France.

※

Les principes sur lesquels reposaient les constitutions et les lois de l'Empire, sont : l'égalité civile, d'accord avec le principe démocratique ; la hiérarchie, d'accord avec les principes d'ordre et de stabilité. Napoléon est le chef suprême de l'État, l'élu du peuple, le représentant de sa nation. Le pouvoir impérial seul se transmet par voie d'hérédité. Il y a deux Chambres : le Sénat et le Corps législatif. Le Conseil d'État étant un des premiers rouages de l'Empire, composé des hommes les plus capables, il formait le conseil privé du souverain. Les principes qui dirigèrent l'Empereur dans le choix des fonctionnaires publics, reposaient uniquement sur le mérite et la capacité dans l'administration. L'immortelle création de la Légion d'honneur était une institution toute politique d'honneur et d'émulation dans toutes les classes de la société. On sait tout le bien que produisit le Code Napoléon, en mettant plusieurs parties de la législation en harmonie avec les principes de la révolution française. La justice a ses tribunaux de première instance, ses Cours impériales, sa Cour de cassation. La religion est respectée avec la liberté de conscience pour tous les cultes.

Pour résumer le système impérial, on peut dire que la base en est démocratique, puisque tous les pouvoirs viennent du peuple ; tandis que l'organisation est hiérarchique, puisqu'il y a dans la société des degrés différents pour stimuler toutes les capacités ; le concours est ouvert à quarante millions d'âmes ; le mérite seul les distingue ; pour l'armée, tout homme est soldat, tout soldat peut devenir un officier, colonel, général, maréchal.

Répétons le bien, l'idée Napoléonienne n'est point une idée de guerre, mais une idée sociale, industrielle, commerciale, humanitaire : aujourd'hui que les nuages se sont dissipés, on entrevoit à travers la gloire des armes une gloire civile plus grande et plus durable.

Que les mânes de l'Empereur reposent en paix ! Sa mémoire grandit tous les jours ; tous ceux qui viennent en pélérinage visiter son tombeau glorieux aux Invalides, à Paris, apportent avec l'aspiration universelle des peuples, un hommage à son souvenir immortel, un regret à ses cendres, et l'écho national répond sur son cercueil : « LES PEUPLES LIBRES TRAVAILLENT PARTOUT A REFAIRE TON OUVRAGE. »

PAUPÉRISME. — COLONIES AGRICOLES.

Il existe une grande différence entre la misère qui provient de la stagnation forcée du travail, et le paupérisme qui souvent est le résultat du vice. Répandre dans les classes ouvrières si nombreuses, l'aisance, l'instruction, la morale, c'est extirper le paupérisme, sinon en entier, du moins en grande partie. Proposer un moyen capable d'initier les masses aux bienfaits de la civilisation, c'est tarir les sources de l'ignorance, du vice, de la misère.

La classe ouvrière ne possède rien, il faut la rendre propriétaire, elle n'a de richesse que ses bras, il faut donner à ces bras, un emploi utile pour tous. Elle est comme un peuple d'ilotes au milieu d'un peuple de sybarites. Il faut lui donner une place dans la société, et attacher ses intérêts à ceux du sol; enfin, elle est sans organisation et sans liens, sans avenir, et la relever à ses propres yeux par l'association, l'éducation et la discipline.

Dans chaque département, et là où les terres incultes sont au plus grand nombre, il faudrait élever des colonies agricoles offrant du pain, de la religion, du travail à tous ceux qui en manquent.

Lorsque ces colonies agricoles seront en plein rapport, elles auront toujours la facilité d'étendre leur domaine, de multiplier leurs établissements, afin d'y placer de nouveaux travailleurs. Ainsi, tandis que d'un côté, par notre loi égalitaire, les propriétés se divisent de plus en plus, l'association ouvrière reconstruira la grande propriété et la grande culture en France, en Algérie et dans nos colonies.

Aujourd'hui, le but de tout gouvernement habile doit être de tendre par tous les efforts et moyens, à ce qu'on puisse dire bientôt : le triomphe du christianisme a détruit l'esclavage; le triomphe de la révolution française a détruit le servage; le triomphe des idées démocratiques a détruit le paupérisme.

Les colonies agricoles rempliront deux buts; le premier, de nourrir un grand nombre de familles pauvres, par la culture de la terre, le soin des bestiaux, etc.; le second, d'offrir un refuge momentané à cette masse flottante d'ouvriers, que la stagnation des affaires ou l'établissement de nouvelles machines plonge dans une misère profonde.

Tous les pauvres individus sans ouvrage, trouveraient à y utiliser leur force et leur intelligence au profit de la communauté.

Lorsque l'industrie privée aura besoin de bras, elle viendra les demander à ces dépôts centraux qui, par le fait, maintiendront toujours les salaires à un taux rémunérateur; vu que l'ouvrier, assuré de trouver dans ces colonies une existence certaine, n'acceptera de travail dans l'industrie privée, qu'en raison que celle-ci lui offrira des bénéfices au delà du strict nécessaire, fourni toujours par l'association générale. Afin d'exciter l'émulation des travailleurs, on aura à prélever sur les bénéfices de chaque établissement, une somme destinée à créer pour chaque ouvrier une masse individuelle. Ce fonds constituera une véritable caisse d'épargne, qui remettra à chaque ouvrier, lors de son départ, en sus de sa solde, une action, dont le montant sera réglé d'après ses jours de travail, son zèle et sa bonne conduite; de sorte que l'ouvrier laborieux pourra, au moyen de sa masse individuelle, s'amasser, au bout de quelques années, une somme capable d'assurer son existence pour le reste de ses jours, même hors de la colonie.

L'administration se composera du gouverneur et d'un comité formé d'un tiers de directeurs et de deux tiers de prud'hommes. La classe des travailleurs formant une association, dont les chefs n'auraient d'autre devoir que de régulariser et exécuter la volonté générale ; sa hiérarchie doit être le produit de l'élection. Une discipline sévère régnera dans ces colonies, où la vie sera salutaire ; car le but n'est pas de nourrir des fainéants, mais d'ennoblir l'homme par un travail sain, rémunérateur, et par l'éducation morale. Les ouvriers et les familles occupées dans ces colonies, y seront entretenus le plus simplement possible. Le logement, la solde, la nourriture, l'habillement, seront réglés d'après le tarif de l'armée ; car l'organisation militaire est la seule qui soit basée à la fois sur le bien-être de ses membres, sur une stricte économie. L'armée est une organisation, et la classe ouvrière formerait une association ; par le fait, ces deux corps auraient un principe et un but différent.

L'exploitation du quart du domaine agricole, augmenterait d'un quart la valeur du revenu brut de la France ; cet accroissement de richesse donnerait aux branches du travail national une activité immense. Non seulement ces colonies empêcheraient au bout de vingt ans plus d'un million d'individus de languir dans la misère, elles feraient vivre une foule d'industries annexes à l'agriculture ; ce bénéfice annuel de 800 millions, échangé dans le pays contre d'autres produits, augmenterait dans le même rapport la consommation et le commerce intérieur.

Tandis que l'industrie attire sans cesse la population dans les villes, les colonies agricoles la rappelleront dans les campagnes.

RÉFLEXIONS SUR LA SUISSE.

La Confédération helvétique est une réunion de différentes républiques que le besoin de la défense commune a rapprochées et réunies par des liens plus ou moins solides. Sa population est pauvre, mais industrielle, hospitalière et fière, courageuse sans orgueil. Elle s'élève à 2 millions d'habitants dans les 22 cantons, régis par des constitutions diverses, un code à part, et où même l'usage remplace les lois. Sans jury ni publicité, la diète est composée des députés de tous les cantons, qui envoient deux députés, avec une seule voix par canton. La diète, pendant son absence, est remplacée par le conseil d'État du canton dans lequel elle siége. Ce conseil porte le nom de *Vorort*. Il y a trois villes où la diète siége successivement pendant deux ans. Il y a donc trois *Vorort*, qui sont Zurich, Berne et Lucerne.

En 1801, au milieu de tant d'écrivains divers, Napoléon, premier consul, avait pensé à la Suisse; il voulait que les gardiens des Alpes se constituassent eux-mêmes; et dans le traité de Lunéville (8 février 1801), il leur fait assurer le droit de se donner eux-mêmes le gouvernement qui leur conviendrait le mieux. L'Helvétie réclama la médiation de Napoléon, qui la leur promit en leur adressant ces paroles : « Vous vous êtes disputés trois ans sans vous entendre, votre histoire prouve que vos guerres intestines n'ont jamais pu se terminer que par l'intervention de la France. Je serai le médiateur de vos différends; mais ma médiation sera efficace, telle qu'il convient au grand peuple au nom duquel je parle. Jusqu'en 1811, la Suisse a joui d'une parfaite tranquillité : elle fut heureuse avec l'alliance française ; en 1830 et 1831 elle sut renverser les obstacles au progrès, et se constituer avec la fermeté et la persévérance qui conviennent à un peuple libre.

La neutralité de la Suisse ne peut avoir de consistance que si la France et l'Autriche la respectent. Or, dans une guerre générale, ces deux puissances trouveraient intérêt à violer le territoire helvétique, car elles auraient besoin de la Suisse, pour lier les opérations des armées manœuvrant en Allemagne et en Italie. Le véritable intérêt de la Suisse est donc dans ce cas de se choisir un allié. Le choix n'est pas difficile. La Suisse est l'alliée naturelle de la France, parce qu'elle couvre une partie de ses frontières.

L'Empereur Napoléon disait : « C'est l'intérêt de la défense qui lie la France à la Suisse, c'est l'intérêt de l'attaque qui peut rendre la Suisse importante pour les puissances européennes. Le premier est un intérêt permanent, le second n'est que passager et de caprice. » Ces quelques mots révèlent d'une manière frappante la véritable position et le véritable intérêt de la Suisse.

QUESTION DES SUCRES.

Par le décret du 25 mars 1811, L'Empereur Napoléon ordonna que trente mille hectares seraient consacrés à la culture de la betterave, et il mit un million de francs à la disposition du ministre de l'intérieur pour encourager cette industrie, ainsi que la culture du pastel, pour remplacer l'indigo. Non-seulement il reconnut les efforts des industriels par des récompenses pécuniaires, mais aussi par des distinctions. Le 2 janvier 1812, M. Benjamin Delessert, notamment, reçut la croix de la Légion d'honneur, comme prix des succès obtenus dans la fabrication du sucre.

La découverte du sucre de betterave survécut en 1815 à la

chute de l'Empire. La restauration, intelligente des intérêts du pays, protégea à la fois et les colonies et l'industrie sucrière, issue de l'Empire. Elle seconda la fabrication indigène en l'exemptant d'impôts, en mettant des droits sur les sucres coloniaux; elle favorisa la production d'outre-mer comme celle de la métropole, en facilitant l'exportation et en élevant à des taux prohibitifs le tarif des sucres étrangers.

Le mauvais état de la richesse coloniale remonta à une époque antérieure au développement de la fabrication indigène.

Cette position a toujours forcé les colonies à livrer des sucres plus chers que les Antilles anglaises, et elles n'ont joui de quelques bénéfices, sous la restauration, qu'en obtenant la proscription du sucre étranger. Lorsque la restauration nous rendit nos colonies, les cultures s'y trouvèrent ruinées et les colons écrasés de dettes. L'Angleterre avait garanti leur tranquillité, mais s'était peu inquiétée de leur fortune. Ses tarifs avaient soumis les produits de la Martinique et de la Guadeloupe à des droits plus forts que celui des provenances des Antilles anglaises. Cette longue dépression est une des causes qui influent sur la cherté de la production.

La fabrication du sucre indigène réunit tous les avantages de l'agriculture et de l'industrie, et résout, au moins en grande partie, un des problèmes les plus importants du temps présent, le bien-être des classes ouvrières.

RÉUNION DES MERS ATLANTIQUE & PACIFIQUE.

La jonction des deux Océans Atlantique et Pacifique, au moyen d'un canal traversant le centre du Nouveau Monde, est une question de la plus grande importance, qui aura pour effet d'abréger de trois milles la distance qui sépare l'Europe du littoral ouest de l'Amérique et de l'Océanie; de rendre les communications avec la Chine, le Japon, la Nouvelle-Zélande et la Nouvelle-Hollande, rapides et faciles par la navigation à la vapeur, d'élever immédiatement à un degré prodigieux de prospérité ces riches contrées, d'ouvrir de nouvelles voies au commerce et de nouveaux débouchés aux produits européens; de hâter, en un mot, de plusieurs siècles, les progrès du christianisme et de la civilisation sur la moitié du globe.

On peut considérer l'Amérique centrale comme un grand isthme séparant les deux océans. Elle possède environ douze cents milles de côtes; sa superficie est de vingt-six mille lieues carrées, c'est-à-dire presque égale à la France; sa population de trois millions d'habitants.

C'est dans cette partie du continent américain que cinq points principaux ont été signalés comme propres à l'ouverture d'une communication entre les deux mers, dont deux projets seulement susceptibles d'être pris en considération; la coupure par l'isthme de Panama et celle par la rivière San Juan, et les lacs de l'État de Nicaragua; à notre avis, le dernier seul devrait être adopté, parce qu'il est le seul qui réponde aux véritables intérêts de l'Amérique centrale et du monde en général.

La France, l'Angleterre, la Hollande, la Russie et les États-Unis ont un grand intérêt commercial à l'établissement d'une réunion des deux mers; et l'Angleterre a, de plus que les autres États, un intérêt politique à l'exécution de ce projet.

Le canal proposé, partant du port San Juan et aboutissant au port de Réalejo, traverserait: 1° la rivière de San Juan; 2° le lac de Nicaragua, de quatre-vingt-dix milles de longueur; 3° la rivière Ripilota; 4° le lac de Léon ou de Monogua, de trente-cinq milles; 5° enfin l'isthme qui sépare le lac de Léon du port de Realejo, ving-neuf milles : longueur totale de la communication entre les océans, quatre cent cinquante-sept kilomètres. Le port de San Juan, de Nicaragua, ou Adel Worte, est très vaste et très sûr. Le lac de Nicaragua a cent soixante-six kilomètres de long sur vingt mille environ de largeur. Il faudrait en sus combiner avec la construction du canal, un sytème de colonisations, qui se prêteraient un mutuel appui.

 La prospérité de l'Amérique centrale se rattache aux intérêts de la civilisation, et le meilleur moyen de travailler au bien-être général, c'est de renverser les barrières qui séparent les hommes, les races et les nations. Les grands hommes de la terre ont, par leurs guerres, mêlé ensemble les différentes races, et laissé derrière eux quelques-uns de ces impérissables monuments, tels que l'aplanissement des montagnes, le percement des forêts, la canalisation des rivières, en facilitant les relations, tendant à rapprocher et à réunir les individus et les peuples. La guerre et le commerce ont civilisé le monde, la guerre a fait son temps ; l'industrie et le commerce poursuivent maintenant ses conquêtes. Ouvrons-lui une nouvelle route. Rapprochons de l'Europe les tribus de l'Océanie et de l'Australie, et laissons-les participer aux bienfaits du christianisme et de la civilisation. Nous invoquons l'appui des hommes d'État, des intelligences, des capitalistes, parce que toutes les nations solidaires sont intéressées à l'établissement des communications nouvelles et faciles entre les deux hémisphères, parce qu'enfin, tout en s'associant à une glorieuse entreprise, on a la certitude de recueillir de grands avantages pécuniaires pour l'avenir.

DES ARMÉES ET DE L'ARTILLERIE

APERÇU HISTORIQUE.

Il y a plus de cinq siècles que les armes à feu parurent pour la première fois en Europe, depuis cette époque, le perfectionnement de ces armes n'a pas cessé d'être l'objet des travaux de la science et de la sollicitude du gouvernement.

Les armes à feu ont contribué à faire renaître la tactique et la stratégie, à relever l'autorité royale, à réduire les grands vassaux et à créer la grande unité française. Ce fut l'action de l'arme sur la société; puis est venue la réaction de la société sur l'arme, et le pouvoir central fortifié, les vrais principes de la guerre rétablis ont à leur tour exercé une grande influence sur la construction et l'emploi des armes à feu.

L'artillerie, dispendieuse par sa nature, appartint d'abord aux villes et aux châteaux, parce qu'au XIV° siècle les villes et les châteaux étaient plus riches et plus puissants que les rois. Sous Charles VII, seulement, l'artillerie devint l'arme de la royauté.

L'artillerie fit des progrès très rapides dans la guerre de siége, et son influence y fut souveraine, tandis que sur les champs de bataille, une foule d'éléments divers agirent à la fois sur l'armement, l'ordonnance et le mouvement des troupes.

Au XIV° siècle, tout cède devant l'homme d'armes à cheval, mais aussi tout change pour lui résister. Au XV° siècle tout se transforme pour résister à l'archer. Au XVI° siècle, tout se modifie pour résister aux gros bataillons de piqueurs; enfin vint le règne du canon, qui domine tous les ordres de bataille et force infanterie et cavalerie à obéir à ses lois.

C'est surtout en parlant de l'artillerie qu'on peut dire avec vérité qu'une petite cause produit quelquefois de grands effets. Ainsi la substitution des boulets de fer aux boulets de pierre, l'invention des affûts sur roues et les avant-trains, le mode d'attelage, l'adoption des charges faites d'avance, la position des boulets creux dans l'âme de la pièce, le tir à ricochet dans l'attaque des places; l'organisation de l'artillerie à cheval; enfin, une foule d'autres améliorations, minimes en elles-mêmes, ont toutes exercé de l'influence, non-seulement sur l'art de la guerre, mais encore sur les destinées des peuples.

En examinant les diverses phases que l'art a dû parcourir avant d'arriver au système actuel, si simple et si efficace, on restera convaincu que le progrès a deux ennemis redoutables :

les innovations imprudentes et la routine. On verra de tout temps se produire des systèmes ou des inventions absurdes.

Les divers succès survenus dans l'art militaire, ont été aussi accompagnés de grands succès dans la tactique.

Les batailles sous François Ier, Henri IV, Gustave-Adolphe, n'ont été que des chocs produits par de grosses masses, que le canon était obligé de rompre et de disperser en tirant directement dessus. Le canon a décidément battu en brèche l'ordre profond, et forcé les troupes à manœuvrer. L'invention du fusil à baïonnette permettra à l'infanterie de doubler ses forces par l'uniformité de son armement. La cavalerie, dégagée d'armes gênantes, montrera tout ce qu'on peut attendre de la rapidité de ses mouvements. De grands exemples ont été donnés; on a vu que ce sont les réserves qui gagnent les batailles.

On a vu que l'artillerie doit être divisée dans les marches, et réunie en grande batterie sur le champ de bataille.

On sait qu'une armée doit marcher et camper dans l'ordre où elle doit combattre. On sait qu'en fait de stratégie et de tactique, la grande question est de tomber avec ses forces concentrées sur une portion de la ligne ennemie. Pour la guerre des montagnes, la campagne du duc de Rohan, dans la Vattaline, a fourni de nouveaux sujets d'étude et de méditation.

Malgré tous ces progrès, il faudra encore bien du temps avant que ces exemples soient réduits en principes et en axiomes; et, une fois acceptés comme tels, il sera toujours difficile et rare de trouver un général qui sache les appliquer, car si la science analyse et coordonne les faits passés pour en déduire des principes généraux, le génie seul sait tirer d'immenses résultats de leur juste appréciation.

※

L'armée est une épée qui a la gloire pour poignée.

※

La composition des armées représente toujours fidèlement l'état politique d'une société.

La loi qui organise la défense d'un pays est une loi plus politique que militaire.

L'armée est simplement une organisation.

Si l'organisation militaire d'un peuple ne devait pas toujours se plier à sa nature, à sa position politique, à son état social, il ne faudrait pas beaucoup de temps pour trouver le meilleur moyen d'avoir une bonne armée, car la question se bornerait à tâcher d'avoir le plus possible de soldats et à les garder le plus longtemps possible sous les drapeaux.

L'armée est une organisation qui, devant exécuter aveuglément et avec promptitude l'ordre du chef, doit avoir pour base une hiérarchie qui parte d'en haut.

Il ne s'agit pas de savoir si les soldats qui ont passé trois ans sous les drapeaux sont aussi rompus au métier des armes que ceux qui y sont demeurés huit ans, mais de trouver une organisation qui, au jour du danger, donne des milliers d'hommes exercés, et qui, pendant la paix, ne soit pas une forte charge pour le budget, et enlève peu de jeunes gens à l'agriculture.

L'organisation militaire est la seule qui soit basée à la fois sur le bien-être de tous ses membres et sur la plus stricte économie.

Comme aucun État du monde ne peut, sans s'épuiser, maintenir constamment en activité des centaines de mille hommes, il y a urgence à avoir recours à un système qui offre les plus grands avantages possibles en temps de guerre sans occasionner de trop lourdes charges en temps de paix.

Pour résister à une coalition, il faut à la France une armée immense, composée d'hommes exercés ; de plus, il faut que cette armée puisse encore se réformer avec des hommes exercés, dans le cas d'un premier revers.

※

Il nous faut près d'un an pour passer du pied de paix au pied de guerre.

※

Le service militaire peut, à la rigueur, être évalué à un impôt annuel de 190 millions de francs, car, d'après la loi de la population, il y a tous les ans, sur 33 millions d'âmes, 286,000 hommes qui atteignent l'âge de vingt à vingt-un ans, et qui sont aptes à la conscription; retranchant de ce nombre 86,000 individus qui peuvent avoir des causes légales d'exemption, il reste au moins 200,000 hommes qui peuvent être appelés à tirer au sort, et qui, pour se prémunir contre les chances défavorables, auraient chacun 800 fr. à payer aux sociétés d'assurance; c'est donc 200,000 fois 800 fr. qu'il faut compter comme valeur de l'impôt de la souscription, si l'on veut réduire en chiffres le devoir sacré de servir son pays.

※

Il n'y a de bonne discipline que là où les troupes sont réunies en assez grand nombre, et où il y a des rapports journaliers entre les généraux et leurs subordonnés.

※

L'organisation des armées n'a jamais été le résultat d'une théorie préconçue d'une manière plus ou moins scientifique, mais la conséquence forcée des nécessités qui, dans le moment, se faisaient le plus impérieusement sentir.

※

Notre rôle politique, notre isolement, notre position comme peuple, nous font un devoir d'organiser nos forces, non pour aller de nouveau conquérir le monde, mais pour nous mettre à jamais à l'abri de toute invasion.

※

Pour donner à l'artillerie une construction conforme aux lois de la mécanique, de la physique, de la chimie, de la métallurgie, de la balistique, il fallait avoir découvert les principes de ces sciences. Pour arriver à introduire dans ce grand attirail de machines, l'uniformité, la simplicité, la régularité, l'ensemble nécessaire, il fallait que les gouvernements eux-mêmes eussent conquis et fondé l'unité, cette cause principale et féconde du progrès.

※

Nous verrons toujours les généraux médiocres ne pas savoir se servir de leur artillerie, et semblables en cela aux peuples peu avancés, regarder comme un embarras ce que des esprits supérieurs considèrent comme un puissant auxiliaire. Au XVIe siècle, l'Europe tremblait devant les Turcs; l'artillerie vint arrêter les progrès de ces redoutables ennemis; c'est assurément une des plus grandes gloires du judicieux emploi de la poudre à canon que d'avoir rendu à jamais impossible une nouvelle irruption de barbares dans le monde civilisé.

MÉMORIAL CHRONOLOGIQUE

PRINCIPAUX DÉCRETS,

LOIS ET FAITS DES CINQ ANNÉES DU RÈGNE IMPÉRIAL, DEPUIS 1852, JUSQU'A LA SESSION LÉGISLATIVE (MARS 1857).

1852. 1ᵉʳ janvier, décret ordonnant le rétablissement de l'aigle sur les drapeaux français et sur les croix de la Légion d'honneur.

Installation de Louis Napoléon aux Tuileries.

Te Deum solennel célébré à Notre-Dame, en action de grâces du vote du 20 décembre.

Le 4, les monnaies porteront sur la face l'effigie du chef de l'État, et en légende « Louis-Napoléon Bonaparte. »

Le 14, proclamation de la Constitution en 8 titres, faite en vertu des pouvoirs délégués par le Peuple français à Louis-Napoléon Bonaparte, par le vote des 20 et 21 décembre 1851.

Le 16, rétablissement de la Cour des comptes telle qu'elle existait avant le décret du 2 mai 1848.

Le 22, création d'un ministre d'État et du ministère de la Police générale.

Institution de la Médaille militaire donnant droit à 100 fr.

de rente viagère, en faveur des soldats et sous-officiers de l'armée de terre et de mer.

Le même jour, restitution des biens de la famille d'Orléans au domaine de l'État.

※

Le 16 février, anniversaire du 15 août, fête nationale seule reconnue.

※

Le 17, décret de la nouvelle constitution de la presse.

※

Le 28, décret relatif à l'organisation du crédit foncier.

※

Le 10 mars, décret sur l'instruction publique.

Le même jour, ouverture d'une rue, du boulevard Saint-Denis à l'embarcadère du chemin de fer de Strasbourg.

※

Le 14, conversion de la rente de 5 pour cent en 4 1/2 pour cent.

※

Le 17, décret organique de la Légion-d'Honneur.

※

Le 18, décret relatif à l'achèvement du Louvre, qui réunit le palais du Louvre et des Tuileries.

※

Le 22, des aumôniers des dernières prières.

※

Le 25, décret qui soumet l'imprimerie en taille-douce au brevet et au serment.

Le même jour, réunion à la ville de Lyon des trois communes de la Guillotière, la Croix-Rousse et Vaise.

Le 26, constitution des Sociétés de secours mutuels.

※

Le 27, destination du château de Rambouillet comme maison d'éducation des filles des militaires décorés de la médaille militaire.

※

Le 28, le Code civil reprendra son ancien nom de Code Napoléon.

※

Le 29, construction d'un édifice aux Champs-Élysées pour les expositions nationales, les cérémonies publiques et les fêtes civiles et militaires, d'après le plan du Palais de cristal de Londres.

※

Décret du 28 avril, pour la conversion de 4,403,436 fr. de rentes 3 0/0, en échange de 4,475,655 fr. 90 c. de rentes 4 1/2 annulées.

※

Fête militaire des Aigles, bénédiction et distribution des drapeaux à l'armée française, à la revue du Champ-de-Mars, au 10 mai 1852.

※

Sénatus-consulte du 5 juillet 1852, qui institue la haute Cour de justice.

※

Voyage triomphal du Prince à Strasbourg et dans la France, qui partout ne forme qu'un vœu pour le bonheur général : la conservation des précieux jours de Louis-Napoléon.

※

Le 2 décembre, Proclamation de l'Empire par huit millions de suffrages.

※

Réduction de 50,000 hommes sur l'effectif de l'armée française.

Le *Moniteur* du 11 décembre 1852 publie la nouvelle organisation du Crédit foncier de France.

La Banque foncière de Paris prendra désormais le titre de Crédit foncier de France.

✵

Institution d'un comité consultatif des chemins de fer. — Création des commissaires cantonnaux et de la Société du Crédit mobilier à Paris.

✵

Un décret du 2 février 1853 reconstitue le conseil supérieur du commerce, de l'agriculture et de l'industrie, sur des bases en harmonie avec le système actuel.

✵

Pendant quatre ans, le pays a eu à subir le terrible retour du choléra, trois mauvaises récoltes, une guerre lointaine, des inondations désastreuses et 1,500 millions d'emprunt. Cependant, toutes ces crises, tous ces fléaux ont été traversés avec courage et calme.

Parmi les faits les plus remarquables, nous citerons le mariage impérial, la brillante Exposition universelle de 1855, la visite de la reine d'Angleterre et de sa famille à l'élu de 8 millions de suffrages. Le congrès de Paris en 1856 où se réunirent les plénipotentiaires de la Russie, de l'Autriche, de la Turquie, de la Sardaigne, de concert avec la France et l'Angleterre, pour signer la paix du monde ; et la Providence a donné en récompense à Nopoléon III un fils, un prince impérial, un héritier au trône. Sachant prévoir ce qu'on ne peut prévenir, l'Empereur adopta contre la cherté du pain deux grandes mesures : tout un système complexe, la compensation par la caisse de la boulangerie, et la mise en activité de vastes et incessants travaux, qui ont ainsi permis de subir trois années de mauvaises récoltes.

✵

En 1852, réforme urgente du colportage par l'obligation

imposée d'une estampille spéciale; en 1853, secours à d'anciens militaires de la République et de l'Empire. — Télégraphie électrique entre la France et l'Algérie, par la Corse et la Sardaigne.

※

La naissance de l'héritier du trône a dicté, en 1856, un sénatus-consulte qui organise un conseil de régence.

※

Pendant cinq sessions, de 1852 à 1857, le Corps législatif a voté 222 projets de lois d'intérêt général, et 653 projets de lois d'intérêt local. En 1854, vote de la loi sur la dotation de l'armée de terre et de mer, sur les rengagements, les remplaçants et les pensions militaires. En 1856, vote relatif aux pensions des veuves des militaires et marins tués sur le champ de bataille ou morts des suites des blessures reçues.

※

Vote de la loi du transport des imprimés, des échantillons et des papiers d'affaires ou du commerce circulant en France par la poste.

※

Vote de la loi du drainage, en 1856, qui autorise le gouvernement à prêter 100 millions à l'agriculture pour le drainage des terres ; pour aider à résoudre le grand problème de la vie à bon marché.

※

Vote de la loi des sociétés en commandite par actions, en 1856.

※

Crédits accordés pour les nouvelles lignes télégraphiques, pour les inondés, de 12 millions.

※

En janvier 1857, les dernières difficultés du traité de Paris ont été réglées. — Un nouveau congrès européen s'est réuni en mars pour l'arrangement définitif du différend survenu entre la Prusse et la Suisse.

Le traité de paix entre l'Angleterre et la Perse a été signé en mars 1857 par l'entremise officieuse de la France.

La souscription en faveur des inondés s'élève à 12 millions 300 mille francs.

Population de l'empire au 1er janvier 1857 : 36,039,364 habitants.

Organisation en 1854 des régiments de la Garde Impériale.

Décret du 21 novembre 1856, pour l'inscription des drapeaux dans les régiments de l'armée d'Orient.

CONCESSIONS DE CHEMINS DE FER.

En 1852. — De Paris à Lyon. — De Dijon à Besançon, avec embranchement sur Gray, et celui de Dôle à Salins. — A la compagnie du Nord, des lignes de Saint-Quentin à Charleroi, du Câteau à Somain, de La Fère à Reims, par Laon. — A la compagnie de l'Est, celle de Strasbourg à la Bavière, par Wissembourg. — A la même compagnie, la ligne de Blesmes et Saint-Dizier à Gray, et de Thionville à la frontière. — Achèvement du réseau du Centre et du Sud-Ouest de la France et de la fusion des quatre compagnies d'Orléans, du Centre, de Bordeaux et Nantes. — Concession des chemins de fer de Paris à Cherbourg, de Bordeaux à Cette. — Fusion des compagnies d'Avignon à Marseille, de la rive droite du Rhône (Midi), avec la ligne principale de Lyon à Avignon.

En 1853. — De Bordeaux à Bayonne et de Narbonne à Perpignan. — De Bourg-la-Reine à Orsay. — De Lyon à Genève. — De Saint-Rambert à Grenoble. — Chemin de jonction du Rhône à la Loire. — Ligne du Grand-Central qui va être démembrée.

En 1855. — Concession du réseau normand et breton. — A la compagnie d'Orléans, chemin de fer de Nantes à Châteaulin.

En 1856. — Chemin de fer reliant Lyon à Grenoble et Valence — Ligne de Toulouse à Bayonne, Foix, Dax, d'Agen à Tarbes, Mont-de-Marsan, Rabastens (réseau Pyrénéen).

On compte en 1857 un total de 15 à 16,000 kilomètres du réseau français des chemins de fer, dont moitié environ est exploitée en circulation et l'autre moitié en cours d'exécution.

MARIAGE DE SA MAJESTÉ L'EMPEREUR

LE 30 JANVIER 1853.

La capitale de la France et l'armée de Paris viennent d'être témoins des cérémonies du mariage de l'Empereur Napoléon III. L'acte civil a eu lieu dans la soirée du samedi 29 ; l'acte religieux, dans la matinée du dimanche 30 janvier.

Rarement il a été donné à qui que ce soit d'assister à deux cérémonies plus magnifiques.

L'armée, à la discipline et au courage de laquelle, après Dieu, la France doit sa tranquillité, était représentée par ses chefs au mariage civil, dans les salons des Tuileries, et par tous les corps des trois divisions de Paris au mariage religieux.

Le conseil municipal de la Seine, vivement ému des sentiments exprimés par S. E. la comtesse de Téba, a décidé, à l'unanimité, que, pour se conformer à ses intentions, la somme de 600,000 fr., qu'il avait destinée à l'achat d'une parure pour l'Impératrice, sera employée à la fondation d'un établissement où des jeunes filles pauvres recevront une éducation professionnelle, et d'où elles ne sortiront que pour être convenablement placées. Cet établissement portera le nom et sera placé sous la protection de l'Impératrice.

✻

Le *Moniteur* du 3 février fait connaître un nouvel acte de bienfaisance de l'Impératrice :

« Parmi les objets composant la corbeille de mariage de l'Impératrice, l'Empereur avait fait placer, au lieu de la bourse d'usage, un portefeuille renfermant deux cent cinquante mille francs. L'Impératrice a voulu que cette somme fût entièrement consacrée à des œuvres de charité. Par ses ordres, cent mille francs seront répartis entre les *Sociétés maternelles* qui ont pour but de secourir les pauvres femmes en couche, de pourvoir à leurs besoins et à l'allaitement de leurs enfants, et qui viennent d'être placées sous l'auguste patronage de Sa Majesté ; cent cinquante mille serviront à fonder de nouveaux lits à l'hospice des Incurables, en faveur de pauvres infirmes des deux sexes et dont la désignation appartiendra à l'Impératrice. »

Un décret, publié dans le même numéro, place les Sociétés maternelles subventionnées par l'État sous la protection de l'Impératrice.

Nous enregistrons également les actes de la munificence impériale qui ont inauguré le mariage. Le *Moniteur* a annoncé que 4,312 grâces étaient accordées à des personnes ayant été l'objet de mesures de sûreté générale à la suite des troubles de décembre 1851, par décret du 4 février 1853.

✻

A l'occasion du mariage de S. M. l'Empereur, il a été donné

à la cité Napoléon, rue Rochechouart, 60, dont il est le fondateur, trois cents bains gratis aux ouvriers et ouvrières du 2ᵉ arrondissement. Ces bains ont été donnés à raison de trente par jour, du samedi 29 janvier au 7 février suivant. Il a été également fait une distribution de vêtements aux enfants les plus nécessiteux de l'asile de la cité.

Toutes les punitions disciplinaires ont été levées. L'Empereur a accordé une double ration de vin aux troupes.

Enfin, l'Empereur a voulu que les frais des fêtes de son mariage fussent entièrement supportées par sa liste civile, fixée par le sénat à 25 millions.

Le conseil municipal de la Seine, en votant les frais d'un collier à S. M. l'Impératrice avait en outre voté une somme de 300,000 fr. à distribuer en actes de bienfaisance.

NAISSANCE & BAPTÊME DU PRINCE IMPÉRIAL.

L'année 1856, le dimanche 16 mars, à 3 heures du matin, jour des rameaux et l'anniversaire de Marengo S. M. l'Impératrice accoucha d'un prince dont la naissance fut annoncée au peuple par 101 coups de canon. L'enfant fut présenté à Leurs Majestés, aux princes français, puis au ministre d'État et au garde des sceaux. Il fut dressé ensuite un procès-verbal de sa naissance sur les registres de l'État civil de la famille impériale, et ce prince reçut les noms de NAPOLÉON-EUGÈNE-LOUIS-JEAN-JOSEPH. Une somme de 200,000 fr. fut votée par le conseil municipal de Paris pour secourir les indigents. Le même jour, l'Empereur et l'Impératrice se déclarèrent parrain et marraine des enfants légitimes nés en France le 16 mars 1856.

Les fêtes du baptême du prince impérial durèrent trois jours. Le samedi 14 juin, eut lieu le baptême à l'église Notre-Dame; le soir, banquet à l'hôtel-de-ville.

Le dimanche 15 juin, grande fête populaire, feux d'artifice, illumination.

Lundi 16 juin, grand bal donné par la ville de Paris à Leurs Majestés Impériales. Un nombre immense d'étrangers et d'habitants des départements assistait à ces fêtes splendides.

À l'occasion de cet événement providentiel, béni par la population entière, la munificence magnanime de Napoléon accorda des faveurs et des grâces tant à l'armée qu'au civil.

ORPHELINAT DU PRINCE IMPÉRIAL.

L'Orphelinat du Prince Impérial est institué en faveur des enfants du sexe masculin, orphelins de père et de mère, résidant dans le département de la Seine.

Cette institution a pour but de rendre une famille à l'orphelin et d'assurer ce bienfait par une subvention pécuniaire et annuelle accordée à la famille adoptive.

Les ressources de l'Orphelinat consistent :

1° Dans les intérêts du capital provenant de la souscription du 16 mars 1856 dont il a été fait emploi en rentes sur l'État;

2° Dans l'allocation annuelle de 30,000 francs constituée par S. M. l'Empereur, au nom du Prince Impérial, protecteur de l'institution ;

3° Dans le produits des dons et legs qui pourront être faits à l'Orphelinat.

L'Orphelinat est administré par une Commission supérieure permanente et gratuite formée par arrêté du ministre de l'intérieur et par des commissions d'arrondissement.

Toute subvention cesse de plein droit à l'expiration de l'apprentissage de l'orphelin.

Il est fait annuellement, le 15 août, un rapport à S. M. l'Empereur sur la situation de l'Orphelinat du Prince Impérial.

FOURNEAUX ÉCONOMIQUES DE L'IMPÉRATRICE.

La création des premiers établissements fondés à Paris a commencé le 27 septembre 1855, lors de la grande cherté des vivres, et le nombre en a été porté successivement à 70, répartis entre tous les quartiers de la ville et les grandes communes de la Seine.

La réalisation de cette philantrophique institution a été confiée à M. le préfet de police Piétri, que la nature de ses attributions rapproche beaucoup des classes souffrantes, et qui possède à un si haut degré l'intelligence pratique de la bienfaisance publique.

Ces fourneaux sont donc destinés, par leur utilité et le bon marché excessif, spécialement à la classe ouvrière, à laquelle ils rendent de grands services, l'hiver surtout. Il y a exclusion absolue de gratuité dans la distribution. Le prix des aliments est ainsi fixé : 85 grammes de viande cuite désossée, 5 c. ; 1/2 litre de bouillon, 5 c. ; 1/2 litre de haricots, pois verts, riz, au gras ou au maigre, 5 c.

INONDATIONS DE 1856.

Les inondations de 1840 et 1846 furent dépassées au-delà par celle plus terrible de juin 1856 : les digues, les levées des chemins de fer étaient enlevées partout ; les vals du Rhône, de l'Isère, de la Loire, du Cher, étaient couverts de dix pieds d'eau, à l'époque même des espérances de la plus belle récolte, après deux années déjà si pénibles.

A la première nouvelle des désastres, le cœur si bon et paternel de l'Empereur s'empresse de voler au secours des malheureux à consoler et à secourir ; il part de suite pour la ville de Lyon, en ordonnant que le Corps législatif vote à l'instant même deux millions.

On écrivait de Lyon : « On n'a pas encore de renseignements précis sur l'étendue des pertes incalculables ; il y a dans la cité plus de 20,000 individus sans asile. Combien ont péri, nul ne le sait. » Les victimes, en effet, furent nombreuses ; le dévouement des bons citoyens fut sublime et à la hauteur des désastres.

Le 2 juin, au matin, l'Empereur arrivait à Lyon et visitait en détail les divers lieux inondés, rencontrant à chaque pas de pauvres gens ruinés par le fléau, et qui imploraient sa bienfaisance inépuisable, en se livrant à des transports d'enthousiasme et de reconnaissance pour l'élu et le sauveur du peuple, profondément ému lui-même de ces scènes.

Partout c'était une véritable ovation. Le lendemain, 3 juin, Sa Majesté partait pour Avignon, Tarascon et Arles, le long des rives submergées du Rhône ; on n'allait plus qu'en bateau partout. Toutes les populations du midi le suivaient du regard, accompagnant de ses vœux et de ses bénédictions l'auguste et l'intrépide souverain, qui sait faire un si noble usage du pouvoir donné par la France. A peine de retour de ce long voyage, Napoléon III se rendit sur les bords de la Loire, où l'inondation avait causé des désastres énormes depuis Orléans jusqu'à Nantes.

Partout sa présence ranima l'espoir et le courage, partout il fut salué du nom de père du peuple.

Le 11 juin, l'Empereur rentrait à Saint-Cloud, après dix jours de voyages consacrés activement, sans prendre de repos, à réparer et à consoler de si grandes infortunes avec le dévouement le plus sublime que l'histoire puisse offrir en exemple.

EMBELLISSEMENTS DU NOUVEAU PARIS.

ÉLÉVATION DES LOYERS.

Nous recommanderons les changements importants survenus dans la capitale depuis le nouveau règne, qui deviendra la cité reine du monde lorsque l'exécution aura répondu à la grandeur et à l'utilité de l'ensemble des plans du gouvernement et de la ville de Paris, qui rivalisent à l'envie de zèle et d'activité pour l'amélioration générale parisienne. Nous signalerons d'un côté la magnifique rue de Rivoli, grande artère de l'Est à l'Ouest, qui réalise le projet de Napoléon Ier de relier les deux extrémités des barrières du Trône et de l'Étoile; la caserne monumentale Napoléon derrière l'hôtel-de-ville, entièrement dégagé aujourd'hui; le Louvre refait et repris entièrement à neuf. Du nord au midi, l'immense boulevard Sébastopol viendra ouvrir une voie indispensable pour la facilité des circulations à travers le vieux Paris et sur les deux rives de la Seine. Le boulevard projeté de Saint-Germain assainira des anciens quartiers et se reliera avec la rue des Écoles, en dégageant les Thermes, l'hôtel Cluny, la Sorbonne et le Collége de France. On admire avec justice le magnifique hôtel Rivoli, la rue Marengo, les halles, le Louvre du peuple, les façades de la Banque, la tour Saint-Jacques restaurée, les merveilles du Palais de Justice et bientôt celles de la préfecture de police, de la colonne Sébastopol, de l'hôtel des postes en construction, la maison des jeunes Orphelines de l'Impératrice, faubourg Saint-Antoine, et à Vincennes l'asile pour les Ouvriers invalides; puis encore l'église Sainte-Clotilde, la rue Bonaparte, les Champs-Élysées, l'avenue de l'Impératrice et la transformation magique du bois de Boulogne. De l'axe de la caserne à l'entrée du faubourg du Temple, doivent rayonner et partir trois boulevards, le premier en direction sur la barrière Poissonnière, le deuxième sur celle du Trône et le troisième sur l'Hôtel-de-Ville et la caserne

Napoléon. La place circulaire de l'Étoile sera ornée de beaux hôtels et se reliera par de nouvelles rues et boulevards avec Chaillot, Passy et le faubourg Saint-Honoré.

En terminant cet aperçu trop succinct, on ne peut vraiment qu'admirer l'homme de génie dont la volonté a créé tant de merveilles, que le rétablissement de la paix vont enfin permettre d'exécuter avec le temps et le travail, dans l'intérêt futur bien compris de l'utilité et du bien public.

En 1856, S. A. I. le prince Napoléon, dans son voyage artistique dans les mers du Nord, a rapporté de cette expédition scientifique une magnifique collection, que tout Paris a pu admirer.

L'administration doit opérer de notables améliorations en achetant l'île de Suresnes, située en face l'hippodrome de Longchamps. — L'Empereur a le projet de faire du bois de Boulogne une promenade unique au monde. — D'après ce plan grandiose, il serait question de réunir Passy, la rive gauche de la Seine jusqu'au Champ-de-Mars, le quartier Chaillot, par un vaste boulevard communiquant avec le bois de Boulogne.

Chaillot serait rebâti en entier.

Le nouveau boulevard Malesherbes devra partir à l'angle de la place de la Madeleine pour aller vivifier la vaste plaine déserte de Monceaux.

On doit encore créer le grand boulevard de l'Impératrice, qui se dirigera de la rue de l'Echelle vers les boulevards.

Paris tend donc de plus en plus à changer et à se régénérer partout, dans l'ensemble, de fond en comble.

La population de Paris s'élève presque à 1,200,000 habitants; à 500,000 pour la banlieue; total: 1,700,000, ce qui présente une augmentation de 300,000 pour la Seine en cinq années.

D'après le dernier rapport municipal, on évalue à 2,524 le nombre des démolitions à Paris durant cinq années, de 1852 à 1856 ; celui des nouvelles constructions à 5,238, soit donc à plus du double. — Dans la banlieue, il y a eu six fois plus de constructions nouvelles que de démolitions, soit 13 356 contre 2,143, de sorte qu'en réalité, on trouve un total général de 18,594 constructions nouvelles, contre 4,667 démolitions. En résumé, les loyers ne sont surélevés que par suite d'une cause momentanée, c'est l'affluence énorme et imprévue de la population des étrangers et provinciaux qui a produit le mal, et le renchérissement cessera au fur et à mesure du rapport des constructions avec les besoins nouveaux par l'effet du temps et des sages mesures de l'administration dans l'intérêt général.

On doit encore réunir l'embarcadère du chemin de fer de l'Ouest aux quais près de la Monnaie, par le prolongement de la rue de Rennes, dans le faubourg Saint-Germain ; construire près de l'ancien Chatelet la nouvelle poste ; continuer la rue de l'Echelle jusqu'aux boulevards ; former la place de l'Impératrice en face le Théâtre-Français, par le dégagement complet des maisons en face ; rectifier la rue Saint-Honoré, et développer plus tard la rue Marengo, en face le Louvre, par un percement ; on a aussi décrété deux nouvelles rues aboutissant à la grande rue des Ecoles, l'une en face la Sorbonne, l'autre en face le collége de France, à partir du nouveau boulevard Saint-Germain, commencé en 1857.

Un concours agricole universel a eu lieu à Paris, le 23 mai 1856, au Palais de l'Industrie.

Abolition de la contrefaçon littéraire par des traités internationaux.

RÉSUMÉ DE LA CAMPAGNE DE CRIMÉE.

La guerre d'Orient avait été provoquée par les agressions de la Russie contre la Turquie et par la spoliation qu'elle voulait accomplir, sous le règne du tzar Nicolas 1er, contre l'empire ottoman. La prise de Sébastopol, qui fut le grand événement de cette guerre, avait été précédée de faits que nous allons rappeler dans l'ordre chronologique :

1853.—2 mars. L'amiral Menschikoff, ambassadeur extraordinaire russe, commet une offense grave envers la Turquie, en se présentant chez le grand vizir vêtu d'un paletot et sans décoration. Son langage est offensant pour l'empereur Abdul-Medjid.

19 avril. Ultimatum russe.

21 mai. L'ambassade russe quitte Constantinople.

4 juin. Conférence de Vienne.

3 juillet. L'armée russe envahit les Principautés.

23 octobre. Commencement des hostilités entre les Russes et les Turcs, commandés par Omer-Pacha.

30 octobre. Les Russes incendient Sinope et la flottille turque.

1854. — 6 janvier. Les escadres anglo-françaises entrent dans la mer Noire.

15 février. Les ambassadeurs anglais et français quittent Saint-Pétersbourg.

11 mars. Un décret organise l'armée française d'Orient, dont le maréchal Saint-Arnaud est nommé général en chef.

20 mars. Traité d'alliance offensive et défensive entre la France et l'Angleterre.

10 avril. Nouveau traité d'alliance entre les deux puissances.

16 juillet. Départ de Calais du corps expéditionnaire pour la Baltique, commandé par le général Baraguay-d'Hilliers.

15 août. Prise de Bomarsund.

13 septembre. Débarquement des armées alliées en Crimée, à Eupatoria; victoire de l'Alma.

20 septembre. Mort du maréchal Saint-Arnaud.

9 octobre. Ouverture de la tranchée devant la ville de Sébastopol.

17 octobre. Bombardement de la place.

5 novembre. Défaite des Russes à Inkermann.

2 décembre. Traité entre la France, l'Angleterre et l'Autriche.

1855. — 10 janvier. La Sardaigne entre dans l'alliance occidentale.

2 mars. Mort du tzar Nicolas Ier ; avènement d'Alexandre II.

15 mars. Ouverture des conférences de Vienne.

19 mai. Démission du général Canrobert, remplacé par le général Pélissier.

22 mai. Combat dans lequel les Russes sont battus sous les murs de Sébastopol.

25 mai. Expédition des Anglo-Français dans la mer d'Azow ; prise de Kerch et d'Iénikalé.

4 juin. Dernière séance des Conférences de Vienne.

7 juin. Prise de trois redoutes sur les Russes.

18 juin. L'assaut général donné contre la place de Sébastopol échoue.

28 juin. Mort de lord Raglan.

6 août. Les flottes anglo-françaises bombardent Sweaborg, dans la Baltique.

5 septembre. Grand bombardement de Sébastopol.

※

8 septembre. Assaut donné contre Sébastopol sur quatre points. Les divisions de la Motterouge et Mac-Mahon s'emparent de la tour Malakoff et s'y maintiennent par des prodiges de valeur. Les Russes battent en retraite voyant la ville perdue. Dans la nuit, ils évacuent Sébastopol, qui tombe au pouvoir de nos armées victorieuses.

REVUE DE LA PAIX.

La revue du 1er avril fut la revue de la paix ; l'empereur Napoléon III réunit au Champ-de-Mars 60,000 hommes, formant 8 bataillons de chasseurs à pied, sapeurs pompiers et gardes de Paris ; 20 régiments de la ligne et de garde impériale ; 16 batteries d'artillerie ; 1 section du train des équipages militaires ; 12 régiments de cavalerie.

※

La guerre avait été proclamée le 27 mars 1854, au milieu des préparatifs des puissances occidentales et des brillantes revues que passait alors l'Empereur Napoléon III, pour entretenir cet esprit militaire qui allait montrer tant de merveilles. La guerre avait duré deux ans et deux jours, et elle se terminait par une revue splendide, où 60,000 soldats, endurcis en Afrique, sur les bords du Danube, en Crimée, à Kinburn, à Kertch, à Bomarsund, disaient assez au monde que si la France se reposait enfin, elle se reposait dans la plénitude de sa force, comme dans la conviction de son droit.

※

On évalue à 70,000 hommes les pertes de l'armée française ;

à 25,000 celles de l'Angleterre ; de 12 à 15,000 pour la Sardaigne ; à 100,000 pour la Turquie, et enfin à 300,000 pour la Russie.

REVUE MILITAIRE DE L'ANNÉE 1856.

Cette année 1856 a été, en général, heureuse pour la France et pour le souverain qu'elle s'est donné ; glorieuse, grâce à la valeur de nos troupes dans les combats soutenus en Algérie, grâce à leur patience dans les rudes épreuves qu'ils ont encore subies à huit cent lieues de la mère-patrie.

Si nous voulons suivre l'ordre chronologique pour tous les grands faits, nous signalerons d'abord :

Le retour de la garde impériale et de quatre régiments de ligne, avant la conclusion de la paix, et le beau discours prononcé dans cette belle occasion par l'Empereur ;

Un autre discours, non moins beau, non moins net, prononcé à l'ouverture de la session législative :

Le glorieux traité de paix, signé le 30 mars, les illuminations et les réjouissances qui furent les conséquences de ce grand événement politique :

La loi de la régence :

L'expédition courte et brillante exécutée dans la partie nord de la grande Kabylie.

Au nombre des faits d'un ordre moins élevé, et parmi les mesures spéciales à l'armée, nous rappellerons :

Le décret qui accorde des pensions plus convenables aux veuves des militaires morts en combattant pour le pays :

L'acte qui confie l'enfance du Prince impérial aux soins éclairés et au dévouement des veuves de deux braves officiers de l'armée de Crimée, mesdames Bruat, Bizot et de Brancion ;

L'incorporation du jeune et auguste Enfant dans le 1ᵉʳ régiment de grenadiers de la garde impériale, preuve nouvelle de la sympathie qu'on éprouve en France pour l'uniforme ;

La création de nouveaux régiments d'infanterie et de cavalerie de la garde pour récompenser les officiers et les soldats qui ont mérité d'être admis dans cette réserve imposante de corps d'élite, et pour sauvegarder les droits acquis qu'aurait pu atteindre le licenciement des bataillons et escadrons dont les besoins de la guerre d'Orient avaient réclamé la formation ;

Les congés temporaires accordés à une partie des hommes sous les drapeaux, et qui rendent aux travaux de la campagne un nombre considérable de bras, tout en conservant sous les armes une force suffisante pour faire face à toutes les éventualités ;

La création des intendants généraux inspecteurs ;

Le nouveau mode de recrutement des élèves qui se destinent à la médecine militaire, ayant pour but d'ouvrir les cadres de cette importante branche de l'armée à des hommes de science autant qu'à des hommes de cœur ;

La suppression des camps du Nord, devenus inutiles par le rétablissement de la paix ;

L'organisation régulière du service des transports des troupes par les voies ferrées.

L'invention du canon obusier dû à l'Empereur perfectionnera le nouveau système d'artillerie.

Le régiment de dragons de la garde impériale prend le titre de dragons de l'Impératrice.

Nous ne devons pas oublier de mentionner encore d'autres faits, auxquels l'armée est loin d'être insensible. Telles sont les récompenses accordées à une foule d'officiers, de sous-officiers et de soldats, par de nombreuses promotions dans la hiérarchie militaire et dans l'ordre de la Légion-d'Honneur ; l'élévation au maréchalat des officiers généraux qui ont le plus marqué en Algérie ou l'armée d'Orient : les généraux de division Pélissier, Randon, Canrobert et Bosquet ; la dignité de sénateur donnée à l'intrépide général de Mac-Mahon, qui contribua d'une manière si brillante à la prise de Sébastopol, et celle de duc de Malakoff accordée à l'illustre général en chef de l'armée d'Orient, avec une dotation de 100,000 fr. à titre de récompense nationale.

Terminons cette revue en rappelant deux faits relatifs à l'illustre maréchal placé en ce moment à la tête de l'armée comme ministre de la guerre : l'un est le beau rapport sur les moyens administratifs employés pour transporter, faire vivre et combattre deux cent mille hommes, à huit cents lieues de la France; l'autre est le discours prononcé par le savant ingénieur à la distribution du prix du grand concours, en présence de l'élite de la jeunesse française.

MÉDAILLE

COMMÉMORATIVE DES CAMPAGNES DE LA BALTIQUE,
INSTITUÉE PAR S. M. LA REINE D'ANGLETERRE.

Dispositions adoptées pour la répartition dans la marine impériale.

L'Empereur ayant adhéré au désir manifesté par S. M. la Reine d'Angleterre de décerner une médaille commémorative aux officiers, marins et militaires de la marine impériale qui ont pris part à l'une des expéditions de guerre effectuées dans la mer Baltique par les flottes alliées, en 1854 et 1855, les conditions ci-après viennent d'être arrêtées en ce qui concerne la concession de cette médaille :

1° Les états-majors et les équipages des bâtiments armés en guerre participeront seuls à cette distinction ; les bâtiments employés aux transports en sont exclus, d'après le principe adopté précédemment pour la médaille commémorative de la campagne de Crimée ;

2° Les campagnes accomplies dans la mer Blanche ne donnent pas droit à la nouvelle médaille ;

3° La médaille de la Baltique ne comporte aucune agrafe ;

4° La première campagne dans la mer Baltique, celle de 1854, compte à dater de la déclaration de guerre (27 *mars* 1854) jusqu'à la fin des opérations maritimes de cette année (6 *novembre* 1854) ;

5° La deuxième campagne, celle de 1855, compte depuis l'ouverture (1ᵉʳ *mai* 1855) jusqu'au 11 décembre suivant, fin des opérations de cette même année ;

6° Les détachements des corps d'artillerie et d'infanterie de la marine qui ont pris part à l'une ou à l'autre des deux campagnes ont droit à la médaille de la Baltique par le fait seul de leur présence dans les escadres, et sans acception des bâtiments sur lesquels ils ont séjourné.

Les tableaux de la marine militaire présentent la liste générale des bâtiments de l'État dont l'armement sur le pied de guerre et la présence à ce titre, dans les escadres de la Baltique en 1854 et 1855, confèrent aux états-majors et aux équipages le droit à la médaille d'Angleterre.

Tout marin ou militaire de la marine qui, sous les drapeaux ou depuis sa rentrée dans ses foyers, aurait subi une condamnation grave, sera exclu du droit à la médaille de la Baltique.

Les droits à la médaille acquis par des marins et des militaires de la marine en activité de service seront constatés par les soins de MM. les préfets maritimes. Les autorités maritimes locales recueilleront également les noms des marins *inscrits et congédiés*, qui peuvent prétendre à la médaille de la Baltique.

Les titres des marins et des militaires de la marine provenant du recrutement ou de l'enrôlement volontaire et rentrés dans leurs foyers en congé, soit de six mois, renouvelable, soit de libération provisoire ou définitive, seront recueillis par les soins de MM. les généraux commandant les divisions et les subdivisions militaires.

Les listes nominatives seront *closes le* 15 *mars prochain.*

Vu la délibération de la commission supérieure de la dotation, en date du 6 janvier 1857,

Arrête :

Le taux de la prestation individuelle que les jeunes gens compris dans le contingent de la classe de 1856 auront à payer pour obtenir l'exonération du service militaire, est fixé à la somme de 2,000 francs.

Paris, le 6 janvier 1857.

VAILLANT.

ARRÊTÉ

du ministre secrétaire d'État de la guerre portant nouvelle fixation de la prestation individuelle que les militaires sous les drapeaux auront à verser pour être admis, s'il y a lieu, à l'exonération du service.

Vu l'article 8 de la loi du 26 avril 1855, sur la dotation de l'armée, ainsi conçu :

Les militaires sous les drapeaux peuvent être admis à l'exonération du service par le versement d'une prestation dont le taux est fixé conformément aux dispositions des articles 5 et 6.

L'exonération est prononcée, dans ce cas, par les conseils d'administration des corps auxquels sont présentés les récépissés de versement.

Vu la délibération prise par la commission supérieure de la dotation, le 6 janvier 1857, en exécution des articles précités.

Arrête :

Art. 1er. Le taux de la prestation individuelle que les militaires sous les drapeaux auront à verser pour être admis, s'il y a lieu, à l'exonération du service militaire, est fixé à la somme de 350 fr. pour chaque année de service restant à accomplir.

Art. 2. Le présent arrêté sera exécutoire à partir de ce jour.
Paris, le 6 janvier 1857.

VAILLANT.

L'Empereur Napoléon a reçu en 1855 les augustes visites de la reine d'Angleterre Victoria, avec le prince Albert et ses enfants; de Victor-Emmanuel, roi de Sardaigne; du roi Léopold, au camp de Boulogne; du duc et de la duchesse de Brabant; des représentants des puissances alliées au Congrès de Paris; du duc de Saxe-Gotha.

En 1856, celles du roi de Wurtemberg, de l'archiduc Ferdinand-Maximilien-Joseph, frère de l'empereur d'Autriche; du cardinal Patrizzi, légat du pape, chargé de représenter Sa Sainteté comme parrain du prince impérial, dont la marraine est S. A. I. et R. la grande duchesse de Bade; du prince régent le grand-duc de Bade; du prince Frédéric-Guillaume, de Prusse; de S. A. R. le prince Oscar de Suède.

En 1857, celles du grand-duc héréditaire de Toscane, de l'ambassadeur Persan, du prince Danilo du Monténégro.

ACHÈVEMENT DU LOUVRE.

GALERIE HISTORIQUE DES GLOIRES DE LA FRANCE.

Il y a environ soixante ans, le palais du Louvre se présentait à l'état de ruine dans plusieurs parties de ses bâtiments. Après bien des siècles écoulés, bien des merveilles exécutées, l'œuvre restait inachevée. Du côté qui regarde la rue du Coq-Saint-Honoré, il existait une immense lacune; on aurait dit une ruine majestueuse qui cherche la main puissante qui doit la relever.

Le génie du vieux Louvre attendait qu'on plaçât sur son front séculaire le dernier fleuron de sa couronne de pierre, cette couronne à laquelle avaient travaillé tant d'architectes fameux.

On sait que la construction du Louvre remonte à Philippe Auguste, vers l'an 1200. François Ier fit abattre la grosse tour qui s'élevait au centre de la cour. Après plusieurs réparations dispendieuses, il prit le parti de faire reconstruire le château sur un nouveau plan. Henri II fit continuer cette construction qu'un a nommé depuis le *vieux Louvre* (an 1458); Henri IV et Louis XIV continuèrent les travaux commencés par Henri II (an 1603 et 1630); enfin, Napoléon Ier voulut achever l'œuvre monumentale à laquelle tant de rois avaient mis la main ! C'est à Napoléon III qu'était réservée une telle gloire !

En contemplant avec un légitime orgueil ce monument splendide, la France sait qu'elle en doit l'achèvement inespéré à cette volonté féconde qui sait faire marcher de front tout ce qui est grand et glorieux pour elle !

C'est avec un cri d'admiration que Paris a assisté à ces vastes travaux exécutés avec tant de rapidité. Ce fut à la fin de juillet 1852 que la première pierre en fut posée, et le 1er janvier 1856, ces immenses constructions étaient achevées. Dans ce court intervalle, un nombre considérable de maisons comprises dans ce périmètre avaient été démolies; l'espace entre le Louvre et les Tuileries avait été nivelé. Sur la rue de Rivoli, une longue galerie vint souder au Louvre celle arrêtée à la hauteur de la rue de Rohan. Dans l'espace intérieur, deux autres lignes de bâtiments se sont élevées, ayant une façade en retour sur la place du Carrousel, et laissant entre elles un espace désigné sous le nom de la place Louis-Napoléon, et divisée par deux jardins au milieu desquels on doit placer les statues équestres de Louis XIV et de Napoléon. On sait que la statue équestre de François Ier sera placée dans la cour du Louvre.

Si, tournant le dos aux Tuileries, on considère les constructions nouvelles entre la place Louis-Napoléon et la rue de Rivoli, on remarquera dans l'axe de la place du Palais-Royal, un bâtiment transversal qui les divise en deux parties renfermant chacune une cour intérieure. Les bâtiments autour de la première cour sont consacrés au *ministère d'Etat;* ceux de la seconde au *ministère de l'intérieur.* L'édifice transversal contiendra, au premier étage, la *bibliothèque du Louvre.* Au-dessus sont les salles destinées à une exposition permanente des *beaux-arts.* De l'autre côté de la place, les constructions nouvelles appliquées à la grande galerie du Musée, qui longe la Seine, ont la même disposition que celles donnant sur la rue de Rivoli. C'est de ce côté que se trouve le *manége* placé, au rez-de-chaussée, et au-dessus la *salle des Etats,* où, dans les circonstances solennelles, se réuniront les grands corps de l'Etat. La ligne des bâtiments s'étendant depuis l'ancienne entrée du Musée jusqu'à la place du Carrousel, comprendra les galeries affectées à l'*exposition périodique des ouvrages des artistes vivants.* C'est dans les cours appartenant à cette aile que sont établies les *écuries de l'Empereur.*

On sait que M. Visconti est l'auteur du plan général de ce vaste ensemble. Les travaux furent dirigés par lui jusqu'en 1853. Après la mort de ce grand artiste, M. Lefuel fut désigné pour le remplacer, et par son talent, par son active sollicitude dans la direction d'un travail aussi vaste et aussi compliqué, il s'est montré le digne successeur de M. Visconti.

Parmi les travaux qui restent encore à exécuter, nous mentionnerons la restauration très avancée de la façade du vieux Louvre en regardant les Tuileries.

La sculpture a eu une part considérable dans les travaux du Louvre. Tous les artistes en renom ont été appelés à concourir à cette grande œuvre nationale. Les bâtiments qui donnent sur la place Napoléon et sur le Carrousel sont surmontés d'une balustrade et de soixante-trois piédestaux qui portent autant de groupes allégoriques représentant les sciences, les arts, l'agriculture, l'industrie, le commerce, les saisons, etc.

CHERTÉ DES VIVRES.

Dans la question des vivres, comme dans toutes les questions de même nature, on doit toujours, pour être impartial et vrai, faire la part des circonstances exceptionnelles et temporaires. Ainsi nous subissons aujourd'hui un surenchérissement anormal des denrées alimentaires, qui n'est que momentané, puisqu'il est le résultat de l'insuffisance des récoltes depuis trois ou quatre années. Il devrait être inutile de dire que dans tous les cas un surenchérissement qui provient d'une pareille cause, ne peut être imputé à personne. Cependant il est bon peut-être de le répéter ; car en voyant l'insigne aveuglement des hommes de parti, constamment prêts à exploiter, dans l'intérêt de leurs passions, même les faits les plus simples et les plus naturels, on serait tenté de croire que ce ne sont pas toujours les esprits les plus éclairés qui abusent le moins de ces mauvais moyens d'attaque contre le gouvernement, lorsque celui-ci n'a pas le bonheur de posséder leur sympathie.

Mais ce n'est pas tout. Nous avons quelque chose de mieux à faire en faveur du pouvoir actuel, que de nous borner simplement à dégager sa responsabilité du fait de l'insuffisance des récoltes. En effet, s'il ne dépend pas de la volonté humaine que toutes les récoltes soient également abondantes, la prévoyance et la sollicitude de l'autorité peuvent contribuer du moins à amoindrir le mal qui résulte de la rareté des céréales. Or, nos contradicteurs ont-ils vu souvent, dans l'histoire de ce siècle, des gouvernements aux prises avec une aussi grande difficulté que celle de quatre mauvaises récoltes consécutives? En ont-ils vu beaucoup travailler avec autant d'intelligence et de zèle que celui de l'Empereur à prévenir les malheurs qui auraient pu être la conséquence de cette succession de mauvaises récoltes, et faire face à cette difficulté immense avec autant de succès?

Cependant, nous le savons, et nous l'admettons, même avec l'abaissement de prix que pourront éprouver beaucoup de denrées alimentaires, par l'effet de récoltes plus abondantes, la vie restera désormais pour tous plus coûteuse. Mais quelles sont les causes et quels sont les effets de ce surenchérissement des denrées alimentaires? Ces causes sont dans un accroissement très réel et très marqué de la prospérité générale et de la richesse universelle. Ces effets sont une amélioration très positive et très considérable dans le confortable personnel et l'aisance privée.

Nous pourrions montrer que, si le prix normal de beaucoup de denrées alimentaires a subi un renchérissement sérieux, ce même prix normal a diminué pour plusieurs autres. Ainsi, les denrées coloniales, proprement dites, qui se consomment aujourd'hui en bien plus grande quantité qu'autrefois, sont généralement à meilleur marché. En temps ordinaire, beaucoup de produits de la campagne se vendent, en outre, à des prix au moins aussi modérés que par le passé.

Toutefois nous ne voulons voir que l'ensemble, et nous avouons qu'en bloc la vie est devenue plus coûteuse. Pourquoi? Est-ce parce que la production a diminué? Non, puisqu'au contraire elle a augmenté en masse. La consommation s'est donc accrue dans une proportion encore plus rapide et plus considérable. Mais si l'on consomme beaucoup plus qu'autrefois des denrées de toute sortes, il y a donc un plus grand nombre de personnes qui vivent d'une façon plus large et qui se nourrissent d'une manière plus confortable.

En effet, la majorité des travailleurs de tous les états et de toutes les professions dépensent davantage, parce qu'ils gagnent également davantage.

En définitive, la cause du renchérissement des denrées alimentaires, qui enrichit, au surplus, tout ce qui se consacre à la culture et à l'exploitation du sol, est dans l'amélioration même du sort des masses : l'effet de ce renchérissement, c'est d'accroître le bien-être de tous en même temps que la fortune des propriétaires et des ouvriers ruraux. Il y a donc là, concurremment, un signe de richesse générale et d'aisance privée.

Le gouvernement actuel n'a donc inventé ni la richesse publique, ni l'aisance privée : mais il a le mérite de s'être plus qu'aucun autre créé pour tâche spéciale d'aider de toute sa puissance à ce mouvement continu d'accession du plus grand nombre possible au bien-être, et, s'il n'a pas réussi à faire l'impossible, s'il n'a pas anéanti toutes les causes de misère et de souffrance, il a du moins contribué pour sa bonne part à faire sortir, dans une large mesure, l'aisance individuelle de la prospérité générale.

Ce rôle civilisateur, le Pouvoir le remplit avec un zèle aussi persévérant que dévoué, aussi vigoureux qu'énergique, secondant de tous ses efforts le mouvement industriel, commercial et financier de notre époque, et lui traçant la route où il y a le plus de bien à faire et le moins de mal à craindre.

(Extrait du Constitutionnel).

Le dénombrement de la population de 1856 a éclairé trois faits remarquables : un ralentissement sensible dans l'accroissement de la population de 1850 à 1855 ; un déplacement de population ; un accroissement de la population urbaine au détriment des campagnes. Il faut attribuer la faiblesse notable de l'augmentation pendant la dernière période quinquenale à des mortalités accidentelles, résultant du choléra, de la cherté des vivres et de la guerre ; ce qui, en résumé, présente une mortalité exceptionnelle totale de 370,000 individus, victimes de ces trois fléaux.

Savoir : décès cholériques	150,000
Décès par la cherté des vivres	150,000
Mortalité militaire	70,000
Total	370,000

PROCLAMATIONS, DISCOURS ET LETTRES

DE

L'EMPEREUR NAPOLÉON III

OUVERTURE DE LA SESSION DE 1853.

DISCOURS IMPÉRIAL.

« Messieurs les Sénateurs, Messieurs les Députés,

« Il y a un an, je vous réunissais dans cette enceinte pour inaugurer la Constitution promulguée en vertu des pouvoirs que le Peuple m'avait confiés. Depuis cette époque, le calme n'a pas été troublé; la loi, en reprenant son empire, a permis de rendre à leurs foyers la plupart des hommes frappés par une rigueur nécessaire; la richesse nationale s'est élevée à un tel point, que la partie de la fortune mobilière dont on peut chaque jour apprécier la valeur, s'est accrue à elle seule de deux milliards environ; l'activité du travail s'est développée dans toutes les industries. Les mêmes progrès se réalisent en Afrique, où notre armée vient de se distinguer par des succès héroïques. La forme du gouvernement s'est modifiée légalement et sans secousse, par le libre suffrage du peuple. De grands travaux ont été entrepris sans la création de nouveaux impôts et sans emprunts. La paix a été maintenue sans faiblesse. La France a aujourd'hui des institutions qui peuvent se défendre d'elles-mêmes, et dont la stabilité ne dépend pas de la vie d'un homme.

« Ces résultats n'ont pas coûté de grands efforts, parce qu'ils étaient dans l'esprit et dans les intérêts de tous. A ceux qui méconnaîtraient leur importance, je répondrais qu'il y a quatorze mois à peine, le pays était livré au hasard de l'anarchie. A ceux qui regretteraient qu'une part plus large n'ait pas été faite à la liberté, je répondrais : La liberté n'a jamais aidé à fonder d'édifice politique durable; elle le couronne quand le temps l'a consolidé. N'oublions pas, d'ailleurs, que si l'immense majorité du pays a confiance dans le présent et foi dans l'avenir, il reste toujours des individus incorrigibles qui, oublieux de leur propre expérience, de leurs terreurs passées, de leurs désappointements, s'obstinent à ne tenir aucun compte de la volonté nationale, nient impunément la réalité des faits, et, au milieu d'une mer qui s'apaise chaque jour davantage, appellent des tempêtes qui les engloutiraient les premiers.

« Ces menées occultes des divers partis ne servent à chaque occasion qu'à constater leur impuissance, et le gouvernement, au lieu de s'en inquiéter, songe avant tout à bien administrer la France et à rassurer l'Europe. Dans ce double but, il a la ferme volonté de diminuer les dépenses et les armements, de consacrer à des applications utiles toutes les ressources du pays, d'entretenir loyalement les rapports internationaux, afin de prouver aux plus incrédules que lorsque la France exprime l'intention formelle de demeurer en paix, il faut la croire, car elle est assez forte pour ne craindre et par conséquent pour ne tromper personne.

« Vous verrez, Messieurs, par le budget qui vous sera présenté, que notre position financière n'a jamais été meilleure depuis vingt années, et que les revenus publics ont augmenté au-delà de toutes les prévisions.

« Néanmoins, l'effectif de l'armée, déjà réduit de trente mille hommes dans le cours de l'année dernière, va l'être immédiatement encore de vingt mille.

« La plupart des lois que l'on vous présentera ne sortiront pas du cercle des exigences accoutumées, et c'est là l'indice le plus favorable de la situation. Les peuples sont heureux quand les gouvernements n'ont pas besoin de recourir à des mesures extraordinaires.

« Remercions donc la Providence de la protection visible qu'elle a accordée à nos efforts, persévérons dans cette voie de fermeté et de modération qui rassure sans irriter, qui conduit au bien sans violence et prévient ainsi toute réaction. Comptons toujours sur Dieu et sur nous-mêmes, comme sur l'appui mutuel que nous nous devons, et soyons fiers de voir en si peu de temps ce grand pays pacifié, **prospère au dedans, honoré au dehors.** »

LETTRE A L'EMPEREUR DE RUSSIE, 29 JANVIER 1854.

« Sire,

« Le différend qui s'est élevé entre Votre Majesté et la Porte Ottomane en est venu à un tel point de gravité, que je crois devoir expliquer moi-même, directement, à Votre Majesté la part que la France a prise dans cette question, et les moyens que j'entrevois d'écarter les dangers qui menacent le repos de l'Europe.

« La note que Votre Majesté vient de faire remettre à mon Gouvernement et à celui de la reine Victoria tend à établir que le système de pression adopté dès le début par les deux puissances maritimes a seul envenimé la question. Elle aurait, au contraire, ce me semble, continué à demeurer une question de cabinet, si l'occupation des Principautés ne l'avait transportée tout à coup, du domaine de la discussion dans celui des faits. Cependant, les troupes de Votre Majesté une fois entrées en Valachie, nous n'en avons pas moins engagé la Porte à ne pas considérer cette occupation comme un cas de guerre, témoignant ainsi notre extrême désir de conciliation. Après m'être concerté avec l'Angleterre, l'Autriche et la Prusse, j'ai proposé à Votre Majesté une note destinée à donner une satisfaction commune; Votre Majesté l'a acceptée. Mais à peine étions-nous avertis de cette bonne nouvelle, que son ministre, par des commentaires explicatifs, en détruisait tout l'effet conciliant et nous empêchait par là d'insister à Constantinople sur son adoption pure et simple. De son côté, la Porte avait proposé au projet de note des modifications que les quatre puissances représentées à Vienne ne trouvèrent pas acceptables. Elles n'ont pas eu l'agrément de Votre Majesté. Alors la Porte, blessée dans sa dignité, menacée dans son indépendance, obérée par des efforts déjà faits pour opposer une armée à celle de Votre Majesté, a mieux aimé déclarer la guerre que de rester dans cet état d'incertitude et d'abaissement. Elle avait réclamé notre appui; sa cause nous paraissait juste; les escadres anglaises et françaises reçurent l'ordre de mouiller dans le Bosphore.

« Notre attitude vis-à-vis de la Turquie était protectrice, mais passive. Nous ne l'encouragions pas à la guerre. Nous faisions sans cesse parvenir aux oreilles du Sultan des conseils de paix et de modération, persuadés que c'était le moyen d'arriver à un accord; et les quatre puissances s'entendirent de nouveau pour soumettre à Votre Majesté d'autres propositions. Votre Majesté, de son côté, montrant le calme qui naît de la conscience et de sa force, s'était bornée à repousser, sur la rive gauche du Danube comme en Asie, les attaques des Turcs, et avec la modération digne du chef d'un grand empire elle avait déclaré qu'elle se tiendrait sur la défensive. Jusque là nous étions donc, je dois le dire, spectateurs intéressés, mais simples spectateurs de la lutte; lorsque l'affaire de Sinope vint nous forcer à prendre une position plus tranchée. La France et l'Angleterre n'avaient pas cru utile d'envoyer des troupes de débarquement au secours de la Turquie. Leur drapeau n'était donc pas engagé dans les conflits qui avaient lieu sur terre. Mais sur mer c'était bien différent. Il y avait à l'entrée du Bosphore 3,000 bouches à feu dont la présence disait assez haut à la Turquie que les deux premières puissances maritimes ne permettraient pas de l'attaquer en mer. L'événement de Sinope fut pour nous aussi blessant qu'inattendu; car peu importe que les Turcs aient voulu ou non faire passer des munitions de guerre sur le territoire russe. En fait, des vaisseaux russes sont venus attaquer des bâtiments turcs dans les eaux de la Turquie et mouillés tranquillement dans un port turc; ils les ont détruits, malgré l'assurance de ne pas faire une guerre agressive, malgré le voisinage de nos escadres. Ce n'était plus notre politique qui recevait là un échec, c'était notre honneur militaire. Les coups de canon de Sinope ont retenti douloureusement dans le cœur de tous ceux qui, en Angleterre et en France ont un vif sentiment de la dignité nationale. On s'est écrié d'un commun accord : Partout où nos canons peuvent atteindre, nos alliés doivent être respectés.

« De là, l'ordre donné à nos escadres d'entrer dans la mer Noire, et d'empêcher par la force, s'il le fallait, le retour d'un semblable événement. De là, la notification collective envoyée au cabinet de Saint-Pétersbourg pour lui annoncer que, si nous empêchions les Turcs de porter une guerre agressive sur les côtes appartenant à la Russie, nous protégerions le ravitaillement de leurs troupes sur leur propre territoire. Quant à la flotte russe, en lui interdisant la navigation de la mer Noire, nous la placions dans des conditions différentes, parce qu'il importait, pendant la durée de la guerre, de conserver un gage qui pût être l'équivalent des parties occupés du territoire turc et faciliter la conclusion de la paix en devenant le titre d'un échange désirable.

« Voilà, Sire, la suite réelle de l'enchaînement des faits. Il est clair qu'arrivés à ce point, ils doivent amener promptement ou une entente définitive, ou une rupture décidée.

« Votre Majesté a donné tant de preuves de sa sollicitude pour le repos de l'Europe, elle y a contribué si puissamment par son influence bienfaisante contre l'esprit de désordre, que je ne saurais douter de sa résolution dans l'alternative qui se présente à son choix. Si Votre Majesté désire autant que moi une conclusion pacifique, quoi de plus simple que de déclarer qu'un armistice sera signé aujourd'hui, que les choses reprendront leur cours diplomatique, que toute hostilité cessera et que toutes les forces belligérantes se retireront des lieux où des motifs de guerre les ont appelées ?

« Ainsi, les troupes russes abandonneraient les Principautés et nos escadres la mer Noire. Votre Majesté préférant traiter directement avec la Turquie, elle nommerait un ambassadeur qui négocierait avec un plénipotentiaire du Sultan une convention qui serait soumise à la conférence des quatre puissances. Que Votre Majesté adopte ce plan, sur lequel la Reine d'Angleterre et moi sommes parfaitement d'accord, la tranquillité est rétablie et le monde satisfait. Rien, en effet, dans ce plan qui ne soit digne de Votre Majesté, rien qui puisse blesser son honneur. Mais si, par un motif difficile à comprendre, Votre Majesté opposait un refus, alors la France, comme l'Angleterre, serait obligée de laisser au sort des armes et aux hasards de la guerre, ce qui pourrait être décidé aujourd'hui par la raison et la justice.

« Que Votre Majesté ne pense pas que la moindre animosité puisse entrer dans mon cœur ; il n'éprouve d'autres sentiments que ceux exprimés par Votre Majesté elle-même dans sa lettre du 17 janvier 1853, lorsqu'elle m'écrivait : « Nos relations doivent être sincèrement amicales, reposer sur les mêmes intentions : maintien de l'ordre, amour de la paix, respect aux traités et bienveillance réciproque. » Ce programme est digne du Souverain qui le traçait, et, je n'hésite pas à l'affirmer, j'y suis resté fidèle.

« Je prie Votre Majesté de croire à la sincérité de mes sentiments, et c'est dans ces sentiments que je suis,

« Sire,

« De Votre Majesté,

« Le bon ami,

« NAPOLÉON. »

DISCOURS A L'OUVERTURE DE LA SESSION LÉGISLATIVE

DE 1854.

» Depuis votre dernière session, deux questions, vous le savez, ont préoccupé le pays : l'insuffisance de la dernière récolte et les difficultés extérieures. Mais ces deux questions, je me hâte de le dire, inspirent déjà bien moins de craintes, parce que, malgré leur gravité, on peut en mesurer et limiter l'étendue.

« L'insuffisance de la récolte a été estimée à environ dix millions d'hectolitres de froment, représentant une valeur de près de trois cent millions de francs et le chargement de quatre mille navires. Le Gouvernement pouvait-il entreprendre l'achat de ces dix millions d'hectolitres sur tous les points du globe pour venir ensuite les vendre sur tous les marchés de France? L'expérience et la sagesse disaient assez haut que cette mesure eût été environnée d'embarras presque insurmontables, d'inconvénients et de dangers sans nombre. Le commerce seul possédait les moyens financiers et matériels d'une aussi grande opération. Le Gouvernement a donc fait la seule chose praticable : il a encouragé la liberté des transactions en délivrant le commerce des grains de toute entrave. Le prix élevé d'une denrée si nécessaire à l'alimentation générale est une calamité sans doute, mais il n'était ni possible, ni désirable même de s'y soustraire, tant que le déficit n'était pas comblé; car, si le prix du blé eût été inférieur en France à celui des pays circonvoisins, les marchés étrangers eussent été approvisionnés aux dépens des nôtres.

« Cet état de choses devait produire néanmoins un malaise qu'on ne pouvait combattre que par l'activité du travail ou par la charité publique. Le Gouvernement s'est donc efforcé d'ouvrir, dès le commencement de l'année, des crédits qui, dépassant de quelques millions seulement les ressources du budget, amèneront, avec le concours des communes et des compagnies, une masse de travaux évalués à près de 400 millions, sans compter 2 millions affectés par le ministre de l'intérieur aux établissements de bienfaisance. En même temps, les conseils généraux et municipaux, la charité privée faisaient les plus louables sacrifices pour soulager les souffrances des classes pauvres.

« Je recommande surtout à votre attention le système adopté par la ville de Paris; car, s'il se répand, comme je l'espère, par toute la France, il préviendra désormais pour la valeur des céréales ces variations extrêmes qui, dans l'abondance, font languir l'agriculture par le vil prix du blé, et, dans la disette, font souffrir les classes nécessiteuses par la cherté excessive.

« Ce système consiste à créer dans tous les grands centres de population une institution de crédit appelé *Caisse de boulangerie,* qui puisse donner, durant les mois d'une mauvaise année, le pain à un taux *beaucoup moins* élevé que la mercuriale, sauf à le payer *un peu plus cher* dans les années de fertilité. Celles-ci étant, en général, plus nombreuses, on conçoit que la compensation s'opère facilement. On obtient aussi cet immense avantage de fonder des sociétés de crédit qui, au lieu de gagner d'autant plus que le pain est plus cher, sont intéressées, comme tout le monde, à ce qu'il devienne à bon marché : car, contrairement à ce qui a existé jusqu'à ce moment, elles font des bénéfices aux jours de fertilité et des pertes aux jours de disette.

« Je suis heureux de vous annoncer maintenant que sept millions d'hectolitres de froment étranger sont déjà livrés à la consommation, indépendamment des quantités en route et en entrepôt, qu'ainsi les moments les plus difficiles de la crise sont passés.

« Il est un fait remarquable qui m'a profondément touché. Pendant cet hiver rigoureux, pas une accusation n'a été dirigée contre le Gouvernement, et le peuple a subi avec résignation une souffrance qu'il était assez juste pour imputer aux circonstances seules, preuve nouvelle de sa confiance en moi et de sa conviction que son bien-être est, avant tout, l'objet de mes préoccupations constantes. Mais la disette à peine finie, la guerre commence.

« L'année dernière, dans mon discours d'ouverture, je promettais de faire tous mes efforts pour maintenir la paix et rassurer l'Europe. J'ai tenu ma parole. Afin d'éviter une lutte, j'ai été aussi loin que me le permettait l'honneur. L'Europe sait maintenant, à n'en plus douter, que si la France tire l'épée, c'est qu'elle y aura été contrainte. Elle sait que la France n'a aucune idée d'agrandissement. Elle veut uniquement résister à des empiétements dangereux ; aussi, j'aime à le proclamer hautement, le temps des conquêtes est passé sans retour ; car ce n'est pas en reculant les limites de son territoire qu'une nation peut désormais être honorée et puissante, c'est en se mettant à la tête des idées généreuses, en faisant prévaloir partout l'empire du droit et de la justice. Aussi voyez les résultats d'une politique sans égoïsme et sans arrière-pensée ! Voici l'Angleterre, cette ancienne rivale, qui resserre avec nous les liens d'une alliance de jour en jour plus intime, parce que les idées que nous défendons sont en même temps celles du peuple anglais. L'Allemagne, que le souvenir des anciennes guerres rendait encore défiante, et qui, par cette raison, donnait, depuis quarante ans, peut-être trop de preuves de déférence à la politique du cabinet de Saint-Pétersbourg, a déjà recouvré l'indépendance de ses allures et regarde librement de quel côté se trouvent ses intérêts. L'Autriche, surtout, qui ne peut pas voir avec indifférence les événements qui se préparent, entrera dans notre alliance et viendra ainsi confirmer le caractère de moralité et de justice de la guerre que nous entreprenons.

« Voici, en effet, la question telle qu'elle s'engage. L'Europe, préoccupée des luttes intestines depuis quarante ans, rassurée d'ailleurs par la modération de l'Empereur Alexandre en 1815, comme par celle de son successeur jusqu'à ce jour, semblait méconnaître le danger dont pouvait la menacer la puissance colossale qui, par ses envahissements successifs, embrasse le Nord et le Midi, qui possède presque exclusivement deux mers intérieures, d'où il est facile à ses armées et à ses flottes de s'élancer sur notre civilisation. Il a suffi d'une prétention mal fondée à Constantinople pour réveiller l'Europe endormie.

« Nous avons vu, en effet, en Orient, au milieu d'une paix profonde, un souverain exiger tout à coup de son voisin plus faible des avantages nouveaux, et, parce qu'il ne les obtenait pas, envahir deux de ses provinces. Seul, ce fait devait mettre les armes aux mains de ceux que l'iniquité révolte. Mais nous avions aussi d'autres raisons d'appuyer la Turquie. La France a autant et peut-être plus d'intérêt que l'Angleterre à ce que l'influence de la Russie ne s'étende pas indéfiniment sur Constantinople ; car régner sur Constantinople, c'est régner sur la Méditerranée, et personne de vous, Messieurs, je le pense, ne dira que l'Angleterre seule a de grands intérêts dans cette mer, qui baigne trois cents lieues de nos côtes. D'ailleurs, cette politique ne date pas d'hier ; depuis des siècles, tout gouvernement national, en France, l'a soutenue ; je ne la déserterai pas.

« Qu'on ne vienne donc plus nous dire : Qu'allez-vous faire à Constantinople ? Nous y allons avec l'Angleterre pour défendre la cause du Sultan, et néanmoins pour protéger les droits des chrétiens ; nous y allons pour défendre la liberté des mers et notre juste influence dans la Méditerranée. Nous y allons avec l'Allemagne pour l'aider à conserver le rang dont on semblait vouloir la faire descendre, pour assurer ses frontières contre la prépondérance d'un voisin trop puissant. Nous y allons enfin avec tous ceux qui veulent le triomphe du bon droit, de la justice et de la civilisation.

« Dans cette circonstance solennelle, Messieurs, comme dans toutes celles où je serai obligé de faire appel au pays, je suis sûr de votre appui ; car j'ai toujours trouvé en vous les sentiments généreux qui animent la nation. Aussi, fort de cet appui, de la noblesse de la cause, de la sincérité de nos alliances, et confiant surtout dans la protection de Dieu, j'espère arriver bientôt à une paix qu'il ne dépendra plus de personne de troubler impunément. »

PROCLAMATION DE L'EMPEREUR A L'ARMÉE D'ORIENT,

LE 20 AOUT 1854.

« Soldats et Marins de l'armée d'Orient !

« Vous n'avez pas encore combattu, et déjà vous avez obtenu un éclatant succès. Votre présence et celle des troupes anglaises ont suffi pour contraindre l'ennemi à repasser le Danube, et les vaisseaux russes restent honteusement dans leurs ports. Vous n'avez pas encore combattu, et déjà vous avez lutté avec courage contre la mort. Un fléau redoutable, quoique passager, n'a pas arrêté votre ardeur. La France et le Souverain qu'elle s'est donné ne voient pas sans une émotion profonde, sans faire tous ses efforts pour vous venir en aide, tant d'énergie et tant d'abnégation.

« Le Premier Consul disait, en 1799, dans une proclamation à son armée : *La première qualité du soldat est la constance à supporter les fatigues et les privations; la valeur n'est que la seconde.* La première, vous la montrez aujourd'hui; la deuxième, qui pourrait vous la contester? Aussi, nos ennemis, disséminés depuis la Finlande jusqu'au Caucase, cherchent avec anxiété sur quel point la France et l'Angleterre porteront leurs coups, qu'ils prévoient bien être décisifs, car le droit, la justice, l'inspiration guerrière sont de notre côté.

« Déjà Bomarsund et deux mille prisonniers viennent de tomber en notre pouvoir. Soldats, vous suivrez l'exemple de l'armée d'Egypte; les vainqueurs des Pyramides et du Mont-Thabor avaient comme vous à combattre des soldats aguerris et la maladie; mais, malgré la peste et les efforts de trois armées, ils revinrent honorés dans leur patrie.

« Soldats, ayez confiance en votre général en chef et en moi.

Je veille sur vous, et j'espère, avec l'aide de Dieu, voir bientôt diminuer vos souffrances et augmenter votre gloire. Soldats, au revoir.

« NAPOLÉON. »

MISE EN LIBERTÉ DE BARBÈS.

LETTRE DE L'EMPEREUR AU MINISTRE DE L'INTÉRIEUR.
3 OCTOBRE 1854.

« Monsieur le Ministre,

« On me communique l'extrait suivant d'une lettre de Barbès (*).

« Un prisonnier qui conserve, malgré de longues souffrances, de si patriotiques sentiments, ne peut pas, sous mon règne, rester en prison. Faites le donc mettre en liberté sur-le-champ et sans condition.

« Sur ce, je prie Dieu qu'il vous ait en sa sainte garde.

« NAPOLÉON. »

EXTRAIT D'UNE LETTRE DE BARBÈS.

(*) Prison de Belle-Isle, le 18 septembre 1854.

. . . . Je suis bien heureux aussi de te voir dans les sentiments que tu m'exprimes. Si tu es affecté de chauvinisme, parce que tu ne fais pas de vœux pour les Russes, je suis encore plus chauvin que toi, car j'ambitionne des victoires pour nos Français. Oui! oui! qu'ils battent bien là-bas les Cosaques, ce sera autant de gagné pour la cause de la civilisation et du monde! Comme toi, j'aurais désiré que nous n'eussions pas la guerre; mais puisque l'épée est tirée, il est nécessaire qu'elle ne rentre pas dans le fourreau sans gloire. Cette gloire profitera à la nation, qui en a besoin, plus qu'à personne. Depuis Waterloo, nous sommes les vaincus de l'Europe, et pour faire quelque chose de bon, même chez nous, je crois qu'il est utile de montrer aux étrangers que nous savons manger de la poudre.

Je plains notre parti s'il en est qui pensent autrement. Hélas! il ne nous manquait plus que de perdre le sens moral, après avoir perdu tant d'autres choses.

LETTRE DE S. M. L'EMPEREUR

AU GÉNÉRAL EN CHEF DE L'ARMÉE D'ORIENT.

Palais de Saint-Cloud, le 24 novembre 1854.

« Général,

« Votre rapport sur la victoire d'Inkermann m'a profondément ému. Exprimez en mon nom à l'armée toute ma satisfaction pour le courage qu'elle a déployé, pour son énergie à supporter les fatigues et les privations, pour sa chaleureuse cordialité envers nos alliés. Remerciez les généraux, les officiers, les soldats, de leur vaillante conduite. Dites-leur que je sympathise vivement à leurs maux, aux pertes cruelles qu'ils ont faites, et que ma sollicitude la plus constante sera d'en adoucir l'amertume.

« Après la brillante victoire de l'Alma, j'avais espéré un moment que l'armée ennemie en déroute n'aurait pas réparé si promptement ses pertes, et que Sébastopol serait bientôt tombé sous nos coups; mais la défense opiniâtre de cette ville et les renforts arrivés à l'armée russe arrêtent un moment le cours de nos succès. Je vous applaudis d'avoir résisté à l'impatience des troupes demandant l'assaut dans des conditions qui auraient entraîné des pertes trop considérables.

« Les Gouvernements anglais et français veillent avec une ardente attention sur leur armée d'Orient. Déjà des bateaux à vapeur franchissent les mers pour vous porter des renforts considérables. Ce surcroît de secours va doubler vos forces et vous permettre de prendre l'offensive. Une diversion puissante va s'opérer en Bessarabie, et je reçois l'assurance que, de jour en jour, à l'étranger, l'opinion publique nous est de plus en plus favorable. Si l'Europe a vu sans crainte nos aigles, si longtemps bannies, se déployer avec tant d'éclat, c'est qu'elle sait bien que nous combattons seulement pour son indépendance. Si la France a repris le rang qui lui est dû, et si la victoire est encore venue illustrer nos drapeaux, c'est, je le déclare avec fierté, au patriotisme et à l'indomptable bravoure de l'armée que je le dois.

« J'envoie le général de Montebello, l'un de mes aides de camp, pour porter à l'armée les récompenses qu'elle a si bien méritées.

« Sur ce, général, je prie Dieu qu'il vous ait en sa sainte garde.

« NAPOLÉON. »

ALLOCUTION DE L'EMPEREUR A LA GARDE IMPÉRIALE A SON DÉPART POUR LA CRIMÉE, LE 9 JANVIER 1855.

« Soldats,

« Le peuple français, par sa souveraine volonté, a ressuscité bien des choses qu'on croyait mortes à jamais, et aujourd'hui l'empire est reconstitué. D'intimes alliances existent avec nos anciens ennemis. Le drapeau de la France flotte avec honneur sur ces rives lointaines où le vol audacieux de nos aigles n'était pas encore parvenu. La garde impériale, représentation héroïque de la gloire et de l'honneur militaire, est ici devant moi, entourant l'Empereur ainsi qu'autrefois, portant le même uniforme, le même drapeau, et ayant surtout dans le cœur les mêmes sentiments de dévouement à la patrie. Recevez donc ces drapeaux qui vous conduiront à la victoire comme ils y ont conduit vos pères, comme ils viennent d'y conduire vos camarades. Allez prendre votre part de ce qui reste encore de dangers à surmonter et de gloire à recueillir. Bientôt vous aurez reçu le noble baptême que vous ambitionnez et vous aurez concouru à planter nos aigles sur les murs de Sébastopol. »

DISCOURS DE L'EMPEREUR (EN ANGLAIS) AU LORD-MAIRE, AU BANQUET
OFFERT A LEURS MAJESTÉS PAR LA CITÉ DE LONDRES,
LE 19 AVRIL 1855.

« Mylord,

« Après l'accueil cordial que j'ai reçu de la Reine, rien ne pouvait me toucher davantage que les sentiments que vous venez, au nom de la Cité de Londres, d'exprimer à l'Impératrice et à moi ; car la Cité de Londres représente tout ce qu'il y a de ressources pour la civilisation comme pour la guerre, dans un commerce qui embrasse l'univers. Quelque flatteurs que soient vos éloges, je les accepte, parce qu'ils s'adressent bien plus à la France qu'à moi-même ; ils s'adressent à la nation dont les intérêts sont aujourd'hui confondus avec les vôtres ; ils s'adressent à l'armée et à la marine, unies aux vôtres par une si héroïque communauté de périls et de gloire ; ils s'adressent à cette politique des deux gouvernements, qui s'appuie sur la vérité, sur la modération, sur la justice.

« Quant à moi, j'ai conservé sur le trône pour le peuple anglais, les sentiments d'estime et de sympathie que je professais dans l'exil, lorsque je jouissais ici de l'hospitalité de la reine ; et si j'ai conformé ma conduite à ma conviction, c'est que l'intérêt de la nation qui m'avait élu, comme celui de la civilisation tout entière, m'en faisait un devoir.

« En effet, l'Angleterre et la France se trouvent naturellement d'accord sur les grandes questions de politique ou d'humanité qui agitent le monde. Depuis les rivages de l'Atlantique jusqu'à ceux de la Méditerranée, depuis la Baltique jusqu'à la mer Noire, depuis l'abolition de l'esclavage jusqu'aux vœux pour l'amélioration du sort des contrées de l'Europe, je ne vois dans le monde moral comme dans le monde polique, pour nos deux nations, qu'une même route à suivre, qu'un t à atteindre. Il n'y a donc que des intérêts secondaires ou des rivalités mesquines qui pourraient les diviser. Le bon sens à lui seul répond de l'avenir.

« Vous avez raison de croire que ma présence parmi vous atteste encore mon énergique concours pour la guerre, si nous ne parvenons pas à obtenir une paix honorable; et dans ce cas, malgré des difficultés sans nombre, nous devons compter sur le succès; car, non-seulement nos soldats et nos marins sont d'une valeur éprouvée, non-seulement nos deux pays possèdent d'incomparables ressources, mais surtout, et c'est là leur immense avantage, ils sont à la tête de toutes les idées généreuses. Les regards de ceux qui souffrent se tournent toujours instinctivement vers l'Occident. Aussi nos deux nations sont encore plus fortes par les idées qu'elles représentent que par les bataillons et les vaisseaux dont elles disposent.

« Je suis bien reconnaissant envers la Reine de ce qu'elle m'a procuré cette occasion solennelle de vous exprimer mes sentiments et ceux de la France dont je suis l'interprète. Je vous remercie, en mon nom et en celui de l'Impératrice, de la franche chaleureuse cordialité avec laquelle vous nous avez accueillis. Nous remporterons en France l'impression profonde que laissent dans les âmes faites pour le comprendre le spectacle imposant qu'offre l'Angleterre, où la vertu sur le trône dirige les destinées du pays, sous l'empire d'une liberté sans danger pour sa grandeur. »

LETTRE DE S. M L'EMPEREUR AU GÉNÉRAL PÉLISSIER,
LE 20 AOUT 1855,
A L'OCCASION DE LA VICTOIRE DE LA TCHERNAÏA.

« Général,

« La nouvelle victoire remportée sur la Tchernaïa prouve, pour la troisième fois depuis le début de la guerre, la supériorité des armées alliées sur l'ennemi lorsqu'il est en rase campagne ; mais si elle fait honneur au courage des troupes, elle ne témoigne pas moins des bonnes dispositions que vous avez prises. Adressez mes félicitations à l'armée et recevez-les pour votre part. Dites à ces braves soldats qui, depuis plus d'un an, ont supporté des fatigues inouïes, que le terme de leurs épreuves n'est pas éloigné. Sébastopol, je l'espère, tombera bientôt sous leurs coups; et l'événement, fût-il retardé, l'armée russe, je le sais par des renseignements qui paraissent positifs, ne pourrait plus, pendant l'hiver, soutenir la lutte dans la Crimée. Cette gloire acquise en Orient a ému vos compagnons d'armes en France ; ils brûlent tous de partager vos dangers. Aussi, dans le double but de répondre à leur noble désir et de procurer du repos à ceux qui ont déjà tant fait, j'ai donné des ordres au ministre de la guerre afin que tous les régiments restés en France aillent, au fur et à mesure, remplacer en Orient ceux qui rentreraient. Vous savez, général, combien j'ai gémi d'être retenu loin de cette armée qui ajoutait encore à l'éclat de nos aigles ; mais aujourd'hui mes regrets diminuent, puisque vous me faites entrevoir le succès prochain et décisif qui doit couronner tant d'héroïques efforts.

« Sur ce, général, je prie Dieu qu'il vous ait en sa sainte garde.

« Écrit au palais de Saint-Cloud, le 20 août 1855.

« NAPOLÉON. »

RÉPONSE DE L'EMPEREUR A L'ARCHEVÊQUE DE PARIS,

MONSEIGNEUR SIBOUR, 13 SEPTEMBRE 1855,

Au TE DEUM *solennel célébré à l'Eglise Notre-Dame de Paris, en actions de grâces de la prise de Sébastopol.*

« Je viens ici, Monseigneur, remercier le ciel du triomphe qu'il a accordé à nos armes, car je me plais à reconnaître que, malgré l'habileté des généraux et le courage des soldats, rien ne peut réussir sans la protection de la Providence. »

DISCOURS DE SA MAJESTÉ L'EMPEREUR A L'EXPOSITION UNIVERSELLE

LE 15 NOVEMBRE 1855.

« MESSIEURS,

« L'Exposition qui va finir offre au monde un grand spectacle. C'est pendant une guerre sérieuse que, de tous les points de l'Univers, sont accourus à Paris, pour y exposer leur travaux, les hommes les plus distingués de la science, des arts et de l'industrie. Ce concours dans des circonstances semblables est dû, j'aime à le croire, à cette conviction générale que la guerre entreprise ne menaçait que ceux qui l'avaient provoquée, qu'elle était poursuivie dans l'intérêt de tous, et que l'Europe, loin d'y voir un danger pour l'avenir, y trouvait plutôt un gage d'indépendance et de sécurité.

« Néanmoins, à la vue de tant de merveilles étalées à nos yeux, la première impression est un désir de paix. La paix seule, en effet, peut développer encore ces remarquables produits de l'intelligence humaine. Vous devez donc tous souhaiter comme moi que cette paix soit prompte et durable. Mais, pour être durable, elle doit résoudre nettement la question qui a fait entreprendre la guerre. Pour être prompte, il faut que l'Europe se prononce : car, sans la pression de l'opinion générale, les luttes entre grandes puissances menacent de se prolonger, tandis qu'au contraire, si l'Europe se décide à déclarer qui a tort ou qui a raison, ce sera un grand pas vers la solution. — A l'époque de civilisation où nous sommes, les succès des armées, quelques brillants qu'ils soient, ne sont que passagers ; c'est en définitive, l'opinion publique qui remporte toujours la dernière victoire.

« Vous tous donc qui pensez que les progrès de l'agriculture, de l'industrie, du commerce d'une nation, contribuent au bien-être de toutes les autres, et que plus les rapports réciproques se multiplient, plus les préjugés nationaux tendent à s'effacer, dites à vos concitoyens, en retournant dans votre patrie, que la France n'a de haine contre aucun peuple, qu'elle a de la sympathie pour tous ceux qui veulent comme elle le triomphe du droit et de la justice ; dites-leur que, s'ils désirent la paix, il faut qu'ouvertement ils fassent au moins des vœux pour ou contre nous, car, au milieu d'un grave conflit européen, l'indifférence est un mauvais calcul et le silence une erreur.

« Quant à nous, peuples alliés pour le triomphe d'une grande cause, forgeons des armes sans ralentir nos usines, sans arrêter nos métiers ; soyons grands par les arts de la paix comme par ceux de la guerre, soyons forts par la concorde, et mettons notre confiance en Dieu pour nous faire triompher des difficultés du jour et des chances de l'avenir. »

Ce discours, prononcé d'une voix forte et retentissante, écouté dans un religieux silence, qu'interrompaient seulement les applaudissements de l'assemblée, a produit sur elle une impression impossible à décrire. Par un mouvement spontané, toute l'assistance s'est levée et a salué par des acclamations enthousiastes les paroles de l'Empereur.

Les trente et une classes de l'industrie et des beaux-arts ont ensuite défilé, bannières en tête, devant Sa Majesté, qui leur a distribué les récompenses.

Après cette distribution, Leurs Majestés ont examiné et visité les œuvres de l'industrie et des beaux-arts qui ont obtenu les grandes médailles d'honneur. Partout les cris de *vive l'Empereur! vive l'Impératrice!* éclataient sur leur passage

Leurs Majestés ont été reconduites, à leur départ, avec le même cérémonial qu'à leur arrivée, et au milieu des mêmes acclamations, auxquelles se mêlaient celles de la foule qui environnait le palais.

DISCOURS DE S. M. L'EMPEREUR A LA RENTRÉE DES TROUPES

LE 29 DÉCEMBRE 1855.

« Soldats,

« Je viens au-devant de vous comme autrefois le sénat romain allait aux portes de Rome au-devant de ses légions victorieuses. Je viens vous dire que vous avez bien mérité de la patrie.

« Mon émotion est grande, car au bonheur de vous revoir se mêlent de douloureux regrets pour ceux qui ne sont plus, et un profond chagrin de n'avoir pu moi-même vous conduire au combat.

« Soldats de la garde comme soldats de la ligne, soyez les bienvenus !

« Vous représentez cette armée d'Orient dont le courage et la persévérance ont de nouveau illustré nos aigles et reconquis à la France le rang qui lui est dû.

« La patrie, attentive à tout ce qui se passe en Orient, vous accueille avec d'autant plus d'orgueil, qu'elle mesure vos efforts à la résistance opiniâtre de l'ennemi.

« Je vous ai rappelés, quoique la guerre ne soit pas terminée, parce qu'il est juste de remplacer à leur tour les régiments qui ont le plus souffert. Chacun pourra ainsi aller prendre sa part de gloire, et le pays, qui entretient six cent mille soldats, a intérêt à ce qu'il y ait maintenant en France une armée nombreuse et aguerrie, prête à se porter où le besoin l'exige.

Gardez donc soigneusement les habitudes de la guerre; fortifiez-vous dans l'expérience acquise; tenez-vous prêts à répondre, s'il le faut, à mon appel; mais, en ce jour, oubliez les épreuves de la vie du soldat; remerciez Dieu de vous avoir épargnés, et marchez fièrement au milieu de vos frères d'armes et de vos concitoyens, dont les acclamations vous attendent ! »

DISCOURS D'OUVERTURE DE LA SESSION LÉGISLATIVE DE 1856.

« MESSIEURS LES SÉNATEURS, MESSIEURS LES DÉPUTÉS,

« La dernière fois que je vous ai convoqués, de graves préoccupations nous dominaient.

« Les armées alliées s'épuisaient à un siége où l'opiniâtreté de la défense faisait douter du succès. L'Europe incertaine semblait attendre la fin de la lutte avant de se prononcer. Pour soutenir la guerre, je vous demandais un emprunt que vous votiez unanimement, quoiqu'il pût paraître excessif. L'élévation du prix des denrées menaçait la classe laborieuse d'un malaise général, et une perturbation dans le système monétaire faisait craindre le ralentissement des transactions et du travail. Eh bien ! grâce à votre concours comme à l'énergie déployée en France et en Angleterre, grâce surtout à l'appui de la Providence, ces dangers, s'ils n'ont pas entièrement disparu, sont pour la plupart conjurés.

« Un grand fait d'armes est venu décider en faveur des armées alliés une lutte acharnée, sans exemple dans l'histoire. L'opinion de l'Europe, depuis ce moment, s'est plus ouvertement prononcée. Partout nos alliances se sont étendues et affermies. Le troisième emprunt a été couvert sans difficultés. Le pays m'a prouvé de nouveau sa confiance, en souscrivant pour une somme cinq fois plus forte que celle je demandais. Il a supporté avec une admirable résignation les souffrances inséparables de la cherté des vivres, souffrances allégées néanmoins par la charité privée, par le zèle des municipalités et par les dix millions distribués aux départements. Aujourd'hui, les arrivages de blés étrangers produisent une baisse sensible. Les craintes nées de la disparition de l'or se sont affaiblies; et jamais les travaux n'ont été plus actifs, les revenus plus considérables. Les hasards de la guerre ont réveillé l'esprit militaire de la nation. Jamais il n'y eut autant d'enrôlements volontaires, ni autant d'ardeur parmi les conscrits désignés par le sort.

« A ce court exposé de la situation viennent se joindre des faits d'une haute signification politique.

« La Reine de la Grande-Bretagne, voulant donner une preuve de sa confiance, de son estime pour notre pays, et rendre nos relations plus intimes, est venue en France. L'accueil enthousiaste qu'elle y a reçu a dû lui prouver combien les sentiments inspirés par sa présence étaient profonds et de nature à fortifier l'alliance des deux peuples.

« Le Roi de Piémont, qui, sans regarder derrière lui, avait embrassé notre cause avec cet élan courageux qu'il avait déjà montré sur le champ de bataille, est venu aussi en France consacrer une union déjà cimentée par la bravoure de ses soldats.

« Ces souverains ont pu voir un pays naguère si agité et déshérité de son rang dans les conseils de l'Europe, aujourd'hui prospère, paisible et respecté, faisant la guerre, non pas avec le délire momentané de la passion, mais avec le calme de la justice et l'énergie du devoir. Ils ont vu la France, qui envoyait deux cent mille hommes à travers les mers, convoquer en même temps à Paris tous les arts de la paix, comme si elle eût voulu dire à l'Europe : « La guerre actuelle n'est encore pour moi qu'une épisode; mes idées et mes forces sont en partie toujours dirigées vers les arts de la paix. Ne négligeons rien pour nous entendre, et ne me forcez pas à jeter sur les champs de bataille toutes les ressources et toute l'énergie d'une grande nation. »

« Cet appel semble avoir été entendu, et l'hiver, en suspendant les hostilités, a favorisé l'intervention de la diplomatie. L'Autriche se résolut à une démarche décisive, qui apportait dans les délibérations toute l'influence du souverain d'un vaste empire. La Suède se lia plus étroitement à l'Angleterre et à la France par un traité qui garantissait l'intégrité de son territoire. Enfin, de tous les cabinets arrivèrent à Saint-Pétersbourg des conseils ou des prières. L'Empereur de Russie, héritier d'une situation qu'il n'avait pas faite, semblait animé d'un sincère désir de mettre fin aux causes qui avaient amené ce sanglant conflit. Il accepta avec détermination les propositions transmises par l'Autriche. L'honneur des armes une fois satisfait, c'était s'honorer aussi que de déférer au vœu nettement formulé de l'Europe.

« Aujourd'hui, les plénipotentiaires des puissances belligérantes et alliées se sont réunis à Paris pour décider des conditions de la paix. L'esprit de modération et d'équité qui les anime tous doit nous faire espérer un résultat favorable; néanmoins, attendons avec dignité la fin des conférences, et soyons également prêts, s'il le faut, soit à tirer de nouveau l'épée, soit à tendre la main à ceux que nous avons loyalement combattus.

« Quoiqu'il arrive, occupons-nous de tous les moyens propres à augmenter la force et la richesse de la France. Resserrons encore, s'il est possible, l'alliance formée par une communauté de gloire et de sacrifices, et dont la paix fera encore mieux ressortir les avantages réciproques. Mettons enfin, en ce moment solennel pour les destinées du monde, notre confiance en Dieu, afin qu'il guide nos efforts, dans le sens le plus conforme aux intérêts de l'humanité et de la civilisation. »

LETTRE DE L'EMPEREUR A M. LE MINISTRE DES TRAVAUX PUBLICS SUR LES INONDATIONS.

» Monsieur le ministre, après avoir examiné avec vous les ravages causés par les inondations, ma première préoccupation a été de rechercher les moyens de prévenir de semblables désastres. D'après ce que j'ai vu, il y a dans la plupart des localités des travaux secondaires indiqués par la nature des lieux, et que les ingénieurs habiles mis à la tête de ces travaux exécuteront facilement. Ainsi, rien de plus aisé que d'élever des ouvrages d'art qui préservent momentanément d'inondations pareilles, les villes telles que Lyon, Valence, Avignon, Tarascon, Orléans, Blois et Tours. Mais quant au système général à adopter pour mettre, dans l'avenir, à l'abri de si terribles fléaux nos riches vallées traversées par de grands fleuves, voilà ce qui manque encore et ce qu'il faut absolument et immédiatement trouver.

Aujourd'hui chacun demande une digue, quitte à rejeter l'eau sur son voisin. Or, le système des digues n'est qu'un palliatif ruineux pour l'État, imparfait pour les intérêts à protéger, car, en général, les sables charriés exhaussant sans cesse le lit des fleuves, et les digues tendant sans cesse à le resserrer, il faudrait toujours élever le niveau de ces digues, les prolonger sans interruption sur les deux rives, et les soumettre à une surveillance de tous les moments. Ce sytème, qui coûterait seulement pour le Rhône plus de cent millions, serai insuffisant, car il serait impossible d'obtenir de tous les rive rains cette surveillance de tous les moments, qui seule pourrait empêcher une rupture, et, une seule digue se rompant, la catastrophe serait d'autant plus terrible que les digues auraient été élevées plus haut. Au milieu de tous les systèmes proposés, un seul m'a paru raisonnable, pratique, d'une exécution facile et qui a déjà pour lui l'expérience.

Avant de chercher le remède à un mal, il faut en bien étudier la cause. Or, d'où viennent les crues subites de nos grands fleuves? Elles viennent de l'eau tombée dans les montagnes, et très peu de l'eau tombée dans les plaines. Cela est si vrai que, pour la Loire, la crue se fait sentir à Roanne et à Nevers vingt ou trente heures avant d'arriver à Orléans ou à Blois. Il en est de même pour la Saône, le Rhône et la Gironde, et dans les dernières inondations, le télégraphe électrique a servi à annoncer aux populations plusieurs heures ou plusieurs jours d'avance le moment assez précis de l'accroissement des eaux.

« Ce phénomène est facile à comprendre : quand la pluie tombe dans une plaine, la terre sert, pour ainsi dire, d'éponge, l'eau, avant d'arriver au fleuve, doit traverser une vaste étendue de terrains perméables, et leur faible pente retarde son écoulement. Mais, lorsqu'indépendamment de la fonte des neiges le même fait se représente dans les montagnes où le terrain, la plupart du temps composé de rochers nus ou de graviers, ne retient pas l'eau, alors la rapidité des pentes porte toutes les eaux tombées aux rivières, dont le niveau s'élève subitement. C'est ce qui arrive tous les jours sous nos yeux quand il pleut : les eaux qui tombent dans nos champs ne forment que peu de ruisseaux, mais celles qui tombent sur les toits des maisons et qui sont recueillies dans les gouttières forment à l'instant de petits cours d'eau. Eh bien, les toits sont les montagnes, et les gouttières les vallées. Or, si nous supposons une vallée de deux lieues de largeur sur quatre lieues de longueur, et qu'il soit tombé dans les vingt-quatre heures 0,10 c. d'eau sur cette surface, nous aurons dans ce même espace de temps 12 millions 800 mille mètres cubes d'eau qui se seront écoulés dans la rivière, et ce phénomène se renouvellera pour chaque affluent du fleuve : ainsi, supposons que le Rhône ou la Loire ait dix grands affluents, nous aurons le volume immense de 128 millions de mètres cubes d'eau qui se seront écoulés dans le fleuve en vingt-quatre heures ; mais si ce volume d'eau peut être retenu de manière à ce que l'écoulement ne se fasse qu'en deux ou trois fois plus de temps, alors, on le conçoit, l'inondation sera rendue deux ou trois fois moins dangereuse.

« Tout consiste donc à retarder l'écoulement des eaux. Le moyen d'y parvenir est d'élever dans tous les affluents des rivières ou des fleuves, au débouché des vallées et partout où les cours d'eau sont encaissés, des barrages qui laissent dans leur milieu un étroit passage pour les eaux, les retiennent lorsque leur volume augmente, et forment ainsi en amont des réservoirs qui ne se vident que lentement. Il faut faire en petit ce que la nature a fait en grand. Si le lac de Constance et le lac de Genève n'existaient pas, la vallée du Rhin et la vallée du Rhône ne formeraient que deux vastes étendues d'eau; car, tous les ans, les lacs ci-dessus, sans pluie extraordinaire, et seulement par la fonte des neiges, augmentent leur niveau de 2 ou 3 mètres; ce qui fait pour le lac de Constance une augmentation d'environ 2 milliards et demi de mètres cubes d'eau, et pour le lac de Genève de 1 milliard 770 millions. On conçoit que cet immense volume d'eau, s'il n'était pas retenu pas les montagnes qui, au débouché de ces deux lacs, l'arrêtent et n'en permettent l'écoulement que suivant la largeur et la profondeur du fleuve, une effroyable inondation aurait lieu tous les ans. Eh bien, on a suivi cette indication naturelle, il y a plus de cent cinquante ans, en élevant dans la Loire un barrage d'eau dont l'utilité est démontrée par le rapport fait à la Chambre, en 1847, par M. Collignon, alors député de la Meurthe. Voici comment il en rend compte :

« La digue de Pinay, construite en 1711, est à 12 kilomètres
« environ en amont de Roanne. Cet ouvrage, s'appuyant sur
« les rochers qui resserrent la vallée et enveloppant les restes
« d'un ancien pont que la tradition fait remonter aux Romains,
« réduit en cet endroit le débouché du fleuve à une largeur
« de 20 mètres; sa hauteur au-dessus de l'étiage est également
« de 20 mètres, et c'est par cette espèce de pertuis que la Loire
« entière est forcée de passer dans les plus grands déborde-
« ments.

« L'influence de la digue de Pinay est d'autant plus digne
« d'attention qu'elle a été créée, comme le montre l'arrêt du
« conseil du 23 juin 1711, dans le but spécial de modérer les
« crues et d'opposer à leur brusque irruption un obstacle arti-
« ficiel tenant lieu des obstacles naturels, qui avaient été im-
« prudemment détruits dans la partie supérieure du fleuve.
« Eh bien, la digue de Pinay a heureusement rempli son of-
« fice au mois d'octobre dernier : elle a soutenu les eaux jus-
« qu'à une hauteur de 21 mèt. 47 cent. au-dessus de l'étiage;
« elle a ainsi arrêté et refoulé dans la plaine du Forez une
« masse d'eau qui est évaluée à plus de 100 millions de mè-
« tres cubes, et la crue avait attteint son maximum de hau-
« teur à Roanne quatre ou cinq heures avant que cet immense
« réservoir fût complètement rempli.

« Si la digue de Pinay n'avait pas existé, non-seulement la
« crue serait arrivée beaucoup plus vite à Roanne, mais en-
« core le volume d'eau roulé par l'inondation aurait aug-
« menté d'environ 2,500 mètres cubes par seconde, la durée de
« l'inondation aurait été plus courte, mais l'imagination s'ef-
« fraye de tout ce que cette circonstance aurait pu ajouter au
« désastre déjà si grand dont la vallée de la Loire a été le
« théâtre.

« D'ailleurs, l'élévation des eaux en amont de la digue de
« Pinay n'a produit aucun désordre, bien loin de là : la plaine
« du Forez ressentira pendant plusieurs année l'action fécon-
« dante des limons que l'eau, graduellement amoncelée par la
« résistance de la digue, y a déposés.

« Tel a été rôle de cet ouvrage, qu'une sage prévoyance a
« élevé pour notre sécurité et nous servir d'exemple. Or, il
« existe dans les gorges d'où sortent les affluents de nos fleuves
« un grand nombre de points où l'expérience de Pinay peut
« être renouvelée économiquement si les points sont bien choi-
« sis, utilement pour modérer l'écoulement des eaux, et sans
« inconvénient et, le plus souvent, avec un grand profit pour
« l'agriculture.

« Au lieu de ces digues ouvertes dans toute leur hauteur,

« on a proposé de construire aussi des barrages pleins, munis
« d'une vanne de fond et d'un déversoir superficiel. Les réser-
« voirs ainsi formés, pouvant retenir à volonté les eaux d'inon-
« dation, permettraient de les affecter, dans les temps de sé-
« cheresse, aux besoins de l'agriculture et au maintien d'une
« utile portée d'étiage pour les rivières. »

L'édit de 1711, dont parle M. Collignon, indique parfaitement bien le rôle que les digues sont appelées à jouer. On y lit le passage suivant :

« Il est indispensablement nécessaire de faire trois digues
« dans l'intervalle du lit de la rivière où les bateaux ne passent
« point : la première aux piles de Pinay, la seconde à l'endroit
« du château de la Roche, et la troisième aux piles et culées
« d'un ancien pont qui était construit sur la Loire au bout du
« village de Saint-Maurice ; et, avec le secours de ces digues,
« les passages étant resserrés, lorsqu'il y arrive de grandes
« crues, les eaux qui s'écoulaient en deux jours auraient peine
« à passer en quatre ou cinq. Le volume des eaux, étant dimi-
« nué de plus de la moitié, ne causera plus de ravages pareils à
« ceux qui sont survenus depuis trois ans. »

« En effet, en 1856, comme en 1846, les digues de Pinay et de la Roche ont sauvé Roanne d'un désastre complet.

« Remarquons, en outre, que, suivant M. Boulangé, ancien ingénieur en chef du département de la Loire, la digue de Pinay n'a coûté que 170,000 fr., et celle de la Roche 40,00 fr., et il ne compte qu'une dépense de 3,400,000 fr. pour la création de cinq nouvelles grandes digues et de vingt-quatre barrages dont il propose la construction sur les affluents de la Loire. D'ailleurs, M. Polonceau, ancien inspecteur divisionnaire des ponts et chaussées, qui admet en partie le même système, pense qu'on pourrait faire ces mêmes digues en gazon, en planches et en madriers, ce qui serait encore plus économique.

« Maintenant, comme il est très important que les crues de chaque petit affluent n'arrivent pas en même temps dans la rivière principale, on pourrait peut-être, en multipliant dans les uns ou en restreignant dans les autres le nombre de barrages retarder le cours de certains affluents, de telle sorte que les crues des uns arrivent toujours après les autres.

« D'après ce qui précède et d'après l'exemple de Pinay, ces barrages, loin de nuire à l'agriculture, lui seront favorables par le dépôt de limon qui se formera dans les lacs artificiels et servira à fertiliser les terres.

« Là où les rivières charrient des sables, ces barrages auraient l'avantage de retenir une grande partie de ces sables, et, en augmentant le courant au milieu des rivières, d'en rendre le thalweg plus profond. Mais quand même ces barrages feraient quelque tort aux cultures des vallées, il faudrait bien en prendre son parti, quitte à indemniser les propriétaires, car il faut se résoudre à faire la part de l'eau comme on fait la part du feu dans un incendie, c'est-à-dire sacrifier des vallées étroites peu fertiles au salut des riches terrains des plaines.

« Ce système ne peut être efficace que s'il est généralisé, c'est-à-dire appliqué aux plus petits affluents des rivières. Il sera peu coûteux si l'on multiplie les petits barrages au lieu d'en élever quelques-uns d'un grand relief. Mais il est clair que cela n'empêchera pas les travaux secondaires qui doivent protéger les villes et certaines plaines plus exposées.

« Je voudrais donc que vous fissiez étudier ce système le plus tôt possible sur les lieux mêmes par les hommes compétents de votre ministère.

« Je voudrais qu'indépendamment des digues qui doivent être élevées sur les points les plus menacés, on fît à Lyon un déversoir semblable à celui qui existe à Blois; il aurait l'avantage de préserver la ville et d'augmenter beaucoup la défense de cette place forte.

« Je voudrais que, dans le lit de la Loire, on élevât pendant les basses eaux, et parallèlement au cours du fleuve, des digues faites en branchages, ouvertes en amont, formant des bassins de limonages, ainsi que le propose M. Fortin, ingénieur des ponts et chaussées. Ces digues auraient l'avantage d'arrêter les sables sans arrêter les eaux, et de creuser le lit de la rivière.

« Je voudrais que le système proposé pour le Rhône par

M. Vallée, inspecteur général des ponts et chaussées, fût sérieusement étudié avec le concours du gouvernement suisse. Il consiste à abaisser les eaux du Rhône à l'endroit où il débouche du lac de Genève, et à y construire un barrage. Par ce moyen on obtiendrait, selon lui, un abaissement des hautes eaux du Léman utile au Valais, au pays de Vaud et à la Savoie ; une navigation meilleure du lac, des embellissements pour Genève, des inondations moins désastreuses dans la vallée du Rhône, une navigation meilleure de ce fleuve.

« Enfin je voudrais que, comme cela existe déjà pour quelques-uns, le régime des grands fleuves fût confié à une seule personne, afin que la direction fût unique et prompte dans le moment du danger. Je voudrais que les ingénieurs qui ont acquis une longue expérience dans le régime des cours d'eau pussent avancer sur place et ne pas être distraits tout à coup de leurs travaux particuliers ; car il arrive souvent qu'un ingénieur qui a consacré une partie de sa vie à étudier soit des travaux maritimes au bord de la mer, soit des travaux hydrauliques à l'intérieur, est tout à coup, par avancement, employé à un autre service, où l'État perd le fruit de ses connaissances spéciales, résultat d'une longue pratique.

« Ce qui est arrivé après la grande inondation de 1846 doit nous servir de leçon : on a beaucoup parlé aux Chambres, on a fait des rapports très lumineux, mais aucun système n'a été adopté, aucune impulsion nettement définie n'a été donnée, et l'on s'est borné à faire des travaux partiels qui, au dire de tous les hommes de science, n'ont servi, à cause de leur défaut d'ensemble, qu'à rendre les effets du dernier fléau plus désastreux.

« Sur ce, je prie Dieu, monsieur le ministre, qu'il vous ait en sa sainte garde.

« NAPOLÉON. »

Plombières, le 19 juillet 1856.

DISCOURS PRONONCÉ PAR S. M. L'EMPEREUR, A L'OUVERTURE DE LA SESSION LÉGISLATIVE DE 1857, LE 16 FÉVRIER 1857.

« Messieurs les Sénateurs, Messieurs les Députés.

« L'année dernière, mon discours d'ouverture se terminait par une invocation à la protection divine : je lui demandais de guider nos efforts dans le sens le plus conforme aux intérêts de l'humanité et de la civilisation ; cette prière semble avoir été entendue.

« La paix a été signée, et les difficultés de détail qu'entraînait l'exécution du traité de Paris ont fini par être heureusement surmontées.

« Le conflit engagé entre le Roi de Prusse et la Confédération helvétique a perdu tout caractère belliqueux, et il nous est permis d'espérer bientôt une solution favorable.

« L'entente rétablie entre les trois puissances protectrices de la Grèce rend désormais inutile la prolongation du séjour des troupes anglaises et françaises au Pirée.

« Si un désaccord regrettable s'est élevé au sujet des affaires de Naples, il faut encore l'imputer à ce désir qui anime également le gouvernement de la Reine Victoria et le mien, d'agir partout en faveur de l'humanité et de la civilisation.

« Aujourd'hui que la meilleure intelligence règne entre toutes les grandes puissances, nous devons travailler sérieusement à régler et à développer à l'intérieur les forces et les richesses de la nation. Nous devons lutter contre les maux dont n'est pas exempte une société qui progresse.

« La civilisation, quoiqu'elle ait pour but l'amélioration morale et le bien-être matériel du plus grand nombre, marche, il faut le reconnaître, comme une armée. Ses victoires ne s'obtiennent pas sans sacrifices et sans victimes : ces voies rapides, qui facilitent les communications, ouvrent au commerce de nouvelles routes, déplacent les intérêts et rejettent en arrière les contrées qui en sont encore privées; ces machines si utiles, qui multiplient le travail de l'homme, le remplacent d'abord et laissent momentanément bien des bras inoccupés; ces mines qui répandent dans le monde une quantité de numéraire inconnue jusqu'ici, cet accroissement de la fortune publique qui décuple la consommation, tendent à faire varier et à élever la valeur de toutes choses ; cette source inépuisable de richesse qu'on nomme *crédit* enfante des merveilles, et cependant l'exagération de la spéculation entraîne bien des ruines individuelles. De là la nécessité, sans arrêter le progrès, de venir en aide à ceux qui ne peuvent suivre sa marche accélérée.

« Il faut stimuler les uns, modérer les autres, alimenter l'activité de cette société haletante, inquiète, exigeante, qui, en France, attend tout du gouvernement, et à laquelle cependant il doit opposer les bornes du possible et les calculs de la raison.

« Éclairer et diriger, voilà notre devoir. Le pays prospère, il faut en convenir, car malgré la guerre et la disette, le mouvement du progrès ne s'est pas ralenti.

« Le produit des impôts indirects, qui est le signe certain de la richesse publique, a dépassé, en 1856, de plus de 50 millions le chiffre déjà si exceptionnel de 1855. Depuis le rétablissement de l'empire, ces revenus se sont accrus d'eux-mêmes de 210 millions, abstraction faite des impôts nouveaux. Néanmoins, il y a une grande souffrance dans une partie du peuple, et, tant que la Providence ne nous enverra pas une bonne récolte, des millions donnés par la charité privée et par le gouvernement ne seront que de faibles palliatifs.

« Redoublons d'efforts pour porter remède à des maux au-dessus de la prévoyance humaine.

« Plusieurs départements ont été atteints cette année par le fléau de l'inondation. Tout me fait espérer que la science parviendra à dompter la nature. Je tiens à honneur qu'en France les fleuves, comme la révolution, rentrent dans leur lit, et qu'ils n'en puissent plus sortir.

« Une cause de malaise non moins grave réside dans les esprits. Lorsqu'une crise survient, il n'est sorte de faux bruits ou de fausses doctrines que l'ignorance ou la malveillance ne propagent. On est même parvenu dernièrement à inquiéter l'industrie nationale, comme si le gouvernement pouvait vouloir autre chose que son développement et sa prospérité.

« Aussi le devoir des bons citoyens est de répandre partout les sages doctrines de l'économie politique, et principalement de fortifier ces cœurs vacillants qui, au premier souffle, je ne dirai pas de la mauvaise fortune, mais au moindre temps d'arrêt de la prospérité, sèment le découragement, et augmentent le malaise par leurs alarmes imaginaires.

« En présence des exigences diverses de la situation, j'ai résolu de réduire les dépenses sans suspendre les grands travaux, sans compromettre les existences acquises, de diminuer certains impôts sans porter atteinte aux finances de l'État.

« Le budget de 1858 vous sera présenté en équilibre ; toutes les dépenses prévues y ont été portées.

« Le produit des emprunts suffira pour solder les frais de la guerre.

« Tous les services pourront être assurés sans que nous ayons besoin de recourir de nouveau au crédit public.

« Les budgets de la guerre et de la marine ont été réduits dans de justes limites, de manière à conserver les cadres, à respecter les grades si glorieusement gagnés, et à maintenir une force militaire digne de la grandeur du pays. C'est dans cette pensée que le contingent annuel a été fixé à cent mille hommes ; ce chiffre est de vingt mille au-dessus de celui des appels ordinaires en temps de paix ; mais d'après le système que j'ai adopté, et auquel j'attache une grande importance, les deux tiers environ de ces conscrits ne resteront que deux ans sous les drapeaux, et formeront ensuite une réserve qui fournira au pays, dès la première apparition du danger, une armée de plus de six cent mille hommes exercés.

« La réduction dans l'effectif permettra d'améliorer la solde des grades inférieurs et de la troupe, mesure que la cherté des subsistances rend indispensable. Par la même raison, le budget alloue une somme de cinq millions pour commencer l'augmentation des plus faibles traitements d'une partie des petits employés civils, qui, au milieu des plus rudes privations, ont donné le bon exemple de la probité et du dévouement.

« On n'a pas oublié non plus une allocation pour établir les paquebots transatlantiques, dont la création est demandée depuis si longtemps.

« Malgré ces accroissements de dépenses, je vous proposerai de supprimer, à partir du 1er janvier 1858, le nouveau décime de guerre sur les droits d'enregistrement. Cette suppression est un sacrifice de 23 millions ; mais en compensation, et conformément au vœu exprimé plusieurs fois par le Corps législatif, je fais étudier l'établissement d'un nouveau droit sur les valeurs mobilières.

« Une pensée toute philanthropique avait engagé le gouvernement à transférer les bagnes à la Guyane. Malheureusement la fièvre jaune, étrangère à ces contrées depuis cinquante ans est venue arrêter le progrès de la civilisation. On élabore un projet destiné à transporter ces établissements en Afrique ou ailleurs.

« L'Algérie qui, dans des mains habiles, voit ses cultures et son commerce s'étendre de jour en jour, mérite de fixer particulièrement nos regards. Le décret de décentralisation rendu récemment favorisera les efforts de l'administration, et je ne négligerai rien pour vous présenter, suivant les circonstances, les mesures les plus propres au développement de la colonie.

« J'appelle votre attention sur une loi qui tend à fertiliser les landes de Gascogne. Les progrès de l'agriculture doivent être un des objets de notre constante sollicitude, car de son amélioration ou de son déclin datent la prospérité ou la décadence des empires.

« Un autre projet de loi, dû à l'initiative du maréchal-ministre de la guerre vous sera présenté : c'est un code pénal militaire complet qui réunit en un seul corps, en les mettant en harmonie avec nos institutions, les lois éparses et souvent contradictoires rendues depuis 1790. Vous serez heureux, je n'en doute pas, d'attacher votre nom à une œuvre de cette importance. »

« Messieurs les députés, puisque cette session est la dernière de votre législature, permettez-moi de vous remercier du concours si dévoué et si actif que vous m'avez prêté depuis 1852. Vous avez proclamé l'empire ; vous vous êtes associés à toutes les mesures qui ont rétabli l'ordre et la prospérité dans le pays ; vous m'avez énergiquement soutenu pendant la guerre ; vous avez partagé mes douleurs pendant l'épidémie et pendant la disette ; vous avez partagé ma joie quand le Ciel m'a donné une paix glorieuse et un fils bien-aimé ; votre coopération loyale m'a permis d'asseoir en France un régime basé sur la volonté et les intérêts populaires. C'était une tâche difficile à remplir, et pour laquelle il fallait un véritable patriotisme, que d'habituer le pays à de nouvelles institutions. Remplacer la licence de la tribune, et les luttes émouvantes qui amenaient la chute ou l'élévation des ministères, par une discussion libre, calme et sérieuse, était un service signalé rendu au pays et à la liberté même, car la liberté n'a pas d'ennemis plus redoutables que les emportements de la passion et la violence de la parole.

« Fort du concours des grands corps de l'État et du dévouement de l'armée, fort surtout de l'appui de ce peuple qui sait que tous mes instants sont consacrés à ses intérêts, j'entrevois pour notre patrie un avenir plein d'espoir.

« La France, sans froisser les droits de personne, a repris dans le monde le rang qui lui convenait et peut se livrer avec sécurité à tout ce que produit de grand le génie de la paix. Que Dieu ne se lasse pas de la protéger, et bientôt l'on pourra dire de notre époque ce qu'un homme d'État, historien illustre et national, a écrit du Consulat : « *La satisfaction était partout,*
« *et quiconque n'avait pas dans le cœur les mauvaises passions*
« *des partis, était heureux du bonheur public.* »

RENSEIGNEMENTS DIVERS.

COMPTE-RENDU

PUBLIÉ PAR LE MONITEUR DU 20 MARS 1857,

DE L'EXÉCUTION DU TESTAMENT DE L'EMPEREUR NAPOLÉON Ier,

PRÉSENTÉ PAR LA COMMISSION.

§ I.

Dans le rapport inséré au *Moniteur* du 6 mai 1855, la somme de huit millions, destinée à l'exécution du testament de l'Empereur Napoléon Ier, était ainsi répartie :

4,000,000 fr.	à soixante-seize légataires particuliers nominativement désignés dans le testament ;
200,000	aux blessés de Ligny et de Waterloo ;
300,000	au bataillon de l'île d'Elbe :
400,000	à la ville de Brienne ;
300,000	à la ville de Méry ;
1,300,000	à distribuer entre les vingt-six départements qui ont le plus souffert des deux invasions ;
1,000,000	aux anciens militaires de la République et du premier Empire ;
500,000	à la disposition de Sa Majesté, pour soulager l'infortune de familles victimes des événements de 1815.

§ 2.—*Légataires particuliers*.

Sur les quatre millions destinés à l'acquittement des legs particuliers, il a été liquidé, en 1855 . . . . 2,945,722 f. 25

Restait. . . . 1,054,277 75

Sur cette somme, il a été liquidé,

En 1856 . . . . 964,220 95

Y compris . . . . 34,043 »

montant de trois legs particuliers sur lesquels la commission a dû faire une enquête pour découvrir les véritables titulaires.

Reste 93,056 80

Cette somme représente :

1° Le total de quatre legs déclarés caducs, parce que les titulaires sont morts sans héritiers directs avant l'exécution du testament. Ce sont :

Arrighi, grand vicaire, pour une somme de . . . . 25,532 f. »
Lapi, commandant de la garde nationale d'Ajaccio . . . . 25,532 »
Taillade, lieutenant du brick *l'Inconstant*. . . . . 25,532 »
Raimbaud, maître d'équipage, 8,511 »

2° La part d'un légataire qui, n'ayant pas rempli les conditions requises, a été déchu de ses droits 7,938 80

Fractions négligées. . . . . . 11 »

Somme égale. 93,056 80

Sur cette somme, il a été alloué :

1° A la veuve du piqueur Noverraz, dont le legs, n'ayant pas été réclamé en temps opportun, avait d'abord été déclaré caduc, 34,279 »

2° Au notaire qui a reçu, fait enregis-
trer et transcrire le testament
olographe de Napoléon Ier (pour
ses déboursés) 758 95
A divers employés et expéditionnaires
pour travaux relatifs à l'exécution du testament 2,095 40
                                  ─────────
                        Total 37,133 35   37,133 35

Reste, après l'acquittement de tous les
legs, une somme de. 55,923 45
qui a été employée à payer en partie les legs portés sur les listes
supplémentaires du bataillon de l'île d'Elbe et des blessés de
Waterloo.

§ 3.—*Bataillon de l'île d'Elbe et blessés de Waterloo.*

Les 300,000 francs attribués au bataillon de l'île d'Elbe et
les 200,000 aux blessés de Ligny et de Waterloo ont été répartis conformément aux listes établies avant le 5 mai 1855 ; mais,
depuis cette époque, plusieurs réclamations, fondées sur des
titres incontestables, sont parvenues à la commission, qui n'a
pas cru devoir les écarter, elles sont :

Pour le bataillon de l'île d'Elbe, au nombre de 70, dont 52
officiers, sous-officiers et soldats encore vivants, et 18 veuves et
enfants d'officiers, sous-officiers et soldats : le tout s'élevant à
la somme de 58,156 fr. 75 c.

Les réclamations admises pour les blessés de Waterloo sont
au nombre de 85, dont 14 d'anciens militaires de la garde
impériale, et 71 d'anciens militaires de la ligne. Le total de ces
réclamations représente une somme de 45,312 fr. qui, jointe
aux 58,156 fr. 75 c. du bataillon de l'île d'Elbe, forme un total
de 103,468 fr. 75 c.

La commission a décidé que cette dépense supplémentaire
serait acquittée moyennant :

1° Le reliquat des legs particuliers, 55,923 45 ⎫
2° La somme de . . . . 47,545 30 ⎬ 103,468 75

prise sur le million destiné aux anciens militaires, se fondant sur cette considération que, parmi les vieux soldats, les plus dignes d'intérêt sont ceux que l'auguste testateur a honorés d'une mention toute spéciale.

§ 4.—*Provinces qui ont le plus souffert des deux invasions.*

La commission a alloué aux vingt-six départements qui composent ces anciennes provinces la somme de 1,300,000 fr. —50,000 fr. par département, dont le capital ou la rente doit être consacré à un établissement d'utilité publique.

Dès la session de 1845, les conseils de dix-huit départements : l'Aube, l'Aisne, les Hautes-Alpes, les Ardennes, le Doubs, la Drôme, le Jura, la Marne, la Haute-Marne, la Moselle, le Bas-Rhin, Saône-et-Loire, la Haute-Saône, la Seine, Seine-et-Marne, Seine-et-Oise, les Vosges, l'Yonne ont assigné une destination convenable aux fonds mis à leur disposition.

La commission n'avait point approuvé la première délibération des conseils généraux de l'Ain, de la Côte-d'Or, de l'Oise, du Haut-Rhin. Ceux de l'Isère, de la Meurthe et de la Meuse, ne s'étant pas trouvés suffisamment éclairés, avaient renvoyé leur délibération à une prochaine session.

Tous les conseils généraux ont voté, dans leur réunion de 1855, l'emploi des 50,000 fr., et leurs délibérations ont été approuvées par la commission.

La rente du capital attribué à chacun de ces départements sera consacrée :

Dans l'Ain, à l'entretien de bourses en faveur des sourds-muets pauvres du département; mais il sera prélevé sur la somme totale un capital de 5,000 fr. dont la rente servira à l'entretien d'un lit dans l'hospice de Nantua pour un indigent de la commune de Maillot, en souvenir de la résistance glorieuse de cette commune lors de l'invasion de 1814.

Dans la Côte-d'Or, à la création de pensions viagères de

200 fr. chacune, en faveur d'anciens militaires indigents, et de préférence pour ceux qui ont pris part aux campagnes de 1814 et 1815 ;

Dans l'Isère, à la création de pensions de 100 fr. chacune au profit de vieillards pauvres des deux sexes, et de préférence pour d'anciens militaires ou leurs veuves ;

Dans la Meurthe, à la fondation de lits en faveur d'anciens militaires ; ces lits seront répartis entre les hospices des cinq arrondissements du département ;

Dans la Meuse, à concourir avec les fonds que pourront fournir les communes et la charité privée à la fondation d'un établissement, sous le nom de *Napoléon,* en faveur d'orphelins et d'enfants abandonnés qui y recevront une éducation morale et professionnelle ;

Dans l'Oise, à la création de dix lits à répartir entre les hospices des chefs-lieux d'arrondissement et l'hospice de Noyon.

Les conseils généraux des départements des Hautes-Alpes, de la Loire et de la Haute-Marne, ont demandé à la commission de changer la destination primitivement adoptée.

Le conseil général des Hautes-Alpes propose d'affecter le capital du legs à la construction, sur les principaux cols du département traversés par des voies de communication, de maisons cantonnières, dites *refuges Napoléon*, qui serviront, à l'instar de l'hospice impérial du mont Genèvre, à secourir les voyageurs et à leur faciliter le passage des Alpes dans la saison dangereuse.

Le conseil général de la Loire propose que le revenu des 50,000 fr. soit affecté à la création de prix qui seront distribués chaque année, le 15 août, par le préfet, en séance publique, aux ouvriers de l'industrie et de l'agriculture du département, réunissant les conditions déterminées par un règlement spécial.

Le conseil général de la Haute-Marne propose d'affecter le revenu du capital du legs à l'entretien d'orphelins pauvres des deux sexes, par la création de dix bourses : cinq en faveur de garçons et cinq en faveur de filles, qui seraient placés dans des établissements d'éducation morale et professionnelle de ce département.

Toutes ces fondations rappelleront le nom de l'auguste fondateur. Elles ont obtenu l'assentiment de la commission.

§ 5. — *Villes de Brienne et de Méry.*

La commission a donné son approbation aux projets suivants présentés par les conseils municipaux de ces deux villes.

Pour Brienne.

Les 400,000 fr. alloués à cette ville seront employés :

    25,000 f. à l'érection d'une statue représentant Napoléon Ier, élève à l'école de Brienne.
Environ 130,000 f. à la construction d'un hôtel-de-ville et à l'acquisition de l'emplacement.
Environ 100,000 f. à la réparation de l'église qui est un monument historique.
    80,000 f. à la fondation d'un certain nombre de lits à l'hospice de la ville et à l'extension des bâtiments de cet hospice.
    20,000 f. à la fondation d'une rente perpétuelle en faveur du bureau de bienfaisance.

Total. . 355,000 f.

La construction d'un lavoir public, qui avait été décidée d'abord, a été abandonnée.

Les 45,000 fr. restants seront placés en rentes sur l'État, pour parer aux dépenses qui dépasseraient les devis et pour l'entretien exclusif des établissements fondés ou restaurés par la munificence impériale.

Pour Méry.

Les 300,000 fr. alloués à cette ville seront consacrés :

Environ 120,000 f. à la construction d'un hôtel-de-ville, avec une salle d'asile et un logement pour deux religieuses chargées de cette salle.

20,000 f. dont la rente servira à l'entretien de ces religieuses.

Environ 140,000 f. à la construction d'une nouvelle église.

Total . . 280,000 f.

Les 20,000 fr. restants, auxquels se joindra la somme que doit produire la vente de l'emplacement des matériaux de la vieille église, seront consacrés à couvrir les dépenses qui dépasseraient les devis, et, s'il reste des ressources suffisantes, à la construction d'une halle ou marché couvert.

Ces sommes ont été mises à la disposition des villes de Brienne et de Méry.

Les plans et devis des constructions ont presque tous reçu l'approbation du conseil des bâtiments civils, et les travaux commenceront au début de cette campagne.

§ 6.—*Anciens militaires de la République et de l'Empire.*

La commission du testament ayant décidé que les fonds destinés aux anciens militaires seraient distribués par les soins de la commission instituée près la grande chancellerie de la Légion d'honneur, et conformément aux principes déjà adoptés pour la répartition des secours viagers, toutes les demandes des anciens militaires pour participer au testament de l'Empereur ont été renvoyées à la grande chancellerie.

Ces demandes s'élevaient à environ soixante-dix mille, sans compter les réclamations précédemment adressées à la Légion d'honneur, mais en y comprenant celles de près de vingt mille anciens militaires de la République et de l'Empire habitant aujourd'hui des pays étrangers.

Il a été décidé que, sur la somme affectée aux anciens militaires, 200,000 fr. seraient spécialement destinés aux vieux soldats résidant hors de France.

En conséquence, les demandes de ces anciens militaires ont été envoyées au ministère des affaires étrangères, où une commission spéciale a été formée pour répartir cette somme de 200,000 fr. entre les réclamants qui auraient le plus de titres à y participer.

Les 752,454 fr. restants en faveur des anciens militaires français, défalcation faite des 47,545 fr. 30 c. affectés aux listes supplémentaires du bataillon de l'île d'Elbe et des blessés de Waterloo, ont été divisés en deux parts.

400,000 fr. ont été répartis à titre de secours viagers, par les soins de la commission de la grande chancellerie de la Légion d'honneur, entre plus de quatre mille anciens militaires.

Les règles établies à la grande chancellerie pour la distribution des secours viagers ne permettent pas d'attribuer ces secours aux officiers, ni aux veuves et enfants d'officiers.

Cependant les termes du testament désignent aussi bien les officiers que les soldats. Pour se conformer aux intentions de l'auguste testateur, la commission a proposé de mettre à la disposition de l'Empereur les 352,454 fr. 70 c. restant, pour être distribués, à titre de secours viagers, entre un certain nombre d'officiers qui ont le plus souffert à la chute du premier Empire, et qui sont aujourd'hui dans le besoin. Par ce moyen, toutes les classes des braves compagnons d'armes de Napoléon Ier auront participé à l'honneur et au bienfait de son glorieux souvenir.

IMPOT SUR LES VALEURS MOBILIÈRES.

« Le Conseil d'État a tenu aujourd'hui, aux Tuileries, sa troisième séance présidée par l'Empereur. Il a été décidé que le projet de loi concernant les actions et obligations des compagnies serait établi sur les bases ci-après :

« Le droit porté dans la loi du 5 juin 1850, pour le timbre et la circulation de ces valeurs, serait élevé de 5 centimes à 15 centimes pour 100 francs du capital réel, réglé tous les trois ans sur le cours moyen.

« Ce droit serait annuel et obligatoire, et rien ne serait changé au mode de perception actuel, tel qu'il est établi par la loi de 1850.

« Un règlement d'administration publique déterminerait le mode suivant lequel ce droit serait appliqué aux valeurs étrangères négociées en France. »

Extrait du *Moniteur* du 14 mars 1857.

Un crédit extraordinaire de 3 millions accordé par décret du 11 février 1857, permet au ministre d'accroître les ressources de l'ordinaire des troupes de toutes armes (la gendarmerie et la garde impériale exceptées), et de leur attribuer un supplément de solde de 3 centimes par journée de présence ; le versement de ces 3 centimes sera fait aux fonds de l'ordinaire. Cette mesure concerne exclusivement les sous-officiers auxquels il n'est pas distribué de vivres en nature.

Toutefois, les troupes qui, dans certaines localités, reçoivent déjà exceptionnellement au même titre une allocation plus élevée, continueront à en jouir, à l'exclusion du nouveau supplément ; mais ce dernier devra être substitué à l'allocation dont il s'agit, si, au contraire, elle est inférieure ou égale à 3 centimes.

※

M. le ministre de la guerre a décidé qu'en raison du peu de temps de service qu'ont encore à faire les *militaires libérables* en 1857, qui se trouvent actuellement en congé de semestre, ces hommes seront maintenus dans leurs foyers. Les congés qu'ils ont précédemment reçus seront remplacés, *sans retard*, par des congés temporaires renouvelables, semblables à ceux dont la circulaire ministérielle du 22 janvier 1857 a prescrit la délivrance.

※

Le Corps législatif doit voter en 1857 sur le nouveau budget une allocation prédestinée à augmenter le traitement trop insuffisant aujourd'hui des officiers de l'armée française.

※

Un nouveau code maritime analogue à celui de la justice militaire sera présenté au Corps législatif.

※

Le Corps Législatif termine sa dernière session et sera réélu en 1857.

※

Le conseil municipal de Paris vient de voter dans sa séance du 15 mars 1857, un boulevard de plus, le boulevard Saint-Marcel. Cette voie nouvelle se reliera, d'un côté, au boulevard Mont-Parnasse, et se prolongera, de l'autre, jusqu'à la gare du chemin de fer d'Orléans, en traversant le 12ᵉ arrondissement.

S. M. l'Empereur Napoléon a promulgué, le 16 mars 1857, anniversaire de la naissance du prince Impérial, son fils, les récompenses militaires accordées à de loyaux services, savoir : les promotions officielles de grades, des nominations dans la Légion d'honneur, des concessions de médailles militaires. — L'armée verra dans la date choisie par l'Empereur, pour les justes rémunérations accordées à de dignes serviteurs du pays, et qui est aussi celle d'un événement si heureux pour son cœur et pour la patrie, une nouvelle preuve de toute l'affection de Sa Majesté et de sa haute sollicitude pour les intérêts militaires.

ŒUVRES COMPLÈTES DE NAPOLÉON III.

Aujourd'hui que l'univers a les yeux fixés sur l'empereur Napoléon III, la publication de ses œuvres est un grand événement, c'est une lecture curieuse à tous égards et riche en enseignements. Les économistes et les hommes politiques, les historiens, les hommes de guerre, y trouveront traités tous les sujets qui les intéressent, toutes les grandes questions qui agitent aujourd'hui la société sont discutées avec une rare intelligence et une haute autorité.

On se demande quelle est cette politique si féconde en résultats, quel est cet homme si supérieur qui s'occupe des sujets les plus graves et les plus compliqués avec tant de bon sens pratique, et dont le génie fait l'admiration même de ses ennemis. Cette politique, ce génie, c'est dans les *OEuvres de l'Empereur*, qu'on peut en étudier les secrets; c'est là enfin que toutes les diverses questions tant économiques que politiques et militaires, occupant l'attention générale, y sont expliquées avec autant d'élévation que de raison. Nous recommandons donc les *OEuvres de Napoléon III*, en 4 vol. in-8°, se vendant 40 fr. à la librairie de M. Amyot, 8, rue de la Paix, à Paris (*).

(*) On trouvera dans notre livre des extraits et analyses des principales questions traitées d'après les OEuvres impériales ci-dessus, si remarquables sous tous les rapports.

MAISONS DE LEURS MAJESTÉS.

MAISON DE L'EMPEREUR.

Ministre de la Maison de l'Empereur.

S. Ex. M. Achille Fould, G. C. sénateur, ministre de la Maison de l'empereur.

Grand Aumônier.

Mgr N...., grand aumônier.
Mgr Menjaud O., évêque de Nancy et de Toul, premier aumônier, chargé du service.
Mgr Tirmarche, évêque d'Adras in partibus, deuxième aumônier.
MM. l'abbé Mullois, premier chapelain.
    l'abbé Versini, ⎫
    l'abbé Liabeuf, ⎬ chapelains.
    l'abbé Laine, ⎭
    l'abbé Ch. Ouin-Lacroix, secrétaire-général.
    l'abbé Devèze, maître des cérémonies.

Secrétaires-adjoints de la grande aumônerie.

MM. le comte de Gondrecourt.
    le marquis Du Lin.

Grand-Maréchal du Palais.

S. Ex. M. le maréchal comte Vaillant G. C., sénateur, ministre de la guerre, grand-maréchal du palais.

MM. le général Rolin G. O. adjudant général du palais.
Rénée (Ch.), secrétaire-général du service du grand-maréchal.
Dalpuyet, quartier-maître général du palais.
le baron Chasserau, contrôleur du palais.

Préfets du Palais.

MM. le baron de Montbrun.
le baron de Varaigne.
le baron de Maussion O.
de Valabrègue.
de Lawœstine.

Maréchaux des Logis.

MM. le comte Lepic, premier maréchal.
le baron Morio de l'Isle.
le baron Emile Tascher de La Pagerie.

Palais des Tuileries, du Louvre et de l'Élysée.

M. . . . ., gouverneur.

Palais de Saint-Cloud.

M. le colonel Thiérion C., député, gouverneur.

Grand-Chambellan.

S. Ex. M. le duc de Bassano G. O., sénateur, grand-chambellan.

Premier Chambellan.

M. le comte Baciocchi O., surintendant des spectacles de la Cour, de la musique de la chapelle et de la chambre.

Chambellans.

MM. le duc de Tarente O., député.
  le comte d'Arjuzon, député.
  le vicomte Olivier de Walsh.
  le marquis de Gricourt.
  le marquis de Belmont, député.
  le comte de Chaumont-Quitry, député.
  le vicomte R. d'Ornano O., député.
  le comte de Labédoyère, député.
  le marquis de Conégliano.

Cabinet de l'Empereur.

MM. Moquart C., secrétaire de l'Empereur, chef du cabinet.
  de Dalmas, sous-chef du cabinet.

Direction des dons et secours.

MM. Conneau, directeur, rue Saint-Honoré, 216.
  Peupin, sous-directeur.

Grand-Écuyer.

N....

Premier écuyer.

M. le général Fleury O., aide-de-camp de l'Empereur.

Écuyers.

MM. Bachon.
  le baron Bourgoing.
  le marquis de Lagrange.
  Le comte d'Aygues-Vives.
  de Grammont.
  Le comte Roger de Riancourt.

Grand-Veneur.

S. Ex. le maréchal Magnan G. C., sénateur, grand veneur.

Premier Veneur.

M. le comte Ney C., aide-de-camp de l'Empereur.

Commandant des Chasses à tir.

M. le marquis de Toulongeon.

Lieutenants de Vénerie.

MM. le baron Lambert.
le marquis de Latour-Maubourg, député.

Lieutenant des Chasses à tir.

M. le baron Delage O.

Grand-Maître des Cérémonies.

S. Ex. M. le duc de Cambacérès G. O., sénateur, grand-maître des cérémonies.

Introducteurs des Ambassadeurs, Maître des Cérémonies.

MM. Feuillet de Conches C.
le baron de Chateaubourg.

Aides des Cérémonies, secrétaires à l'introduction des Ambassadeurs.

MM. le baron de Lajus.
Jules Lecocq.

Trésorier général de la Couronne.

M. Bure.

Trésorier de la Cassette.

M. Charles Thélin.

Musique de la Chapelle et de la Chambre.

M. Auber C., membre de l'Institut, directeur.

Pianistes accompagnateurs.

MM. Allary.
Labarre.

Service de santé près LL. MM.

M. le docteur Conneau C., premier médecin de l'Empereur.

Médecins et Chirurgiens ordinaires.

MM. Andral O.
Jobert de Lamballe C.
le baron Hippolyte Larrey O.
Rayer C.

Chirurgien-Accoucheur.

M. le baron Paul Dubois C.

Médecins et Chirurgiens consultants.

MM. Lévy O.
Bouillaud O.
Gaultier de Claubry.
Bérard O.
Cloquet O.
Begin C.
Velpeau O.
Darralde O.
Vernois.

Médecins et Chirurgiens par quartier.

MM. Delaroque fils.
Corvisart O.

MM. Fleury.
    Tenain.
    de Longet O.
    Boulu.
    Arnal.
    Piétra Santa.

Chirurgien-dentiste.

M. Evans.

Premier Pharmacien.

M. Acar.

MAISON MILITAIRE.

S. Ex. M. le maréchal Vaillant G. C., sénateur, ministre de la guerre, grand-maréchal du palais, commandant la maison militaire.

M. le général de division Rolin G. O., adjudant-général du palais.

AIDES-DE-CAMP DE L'EMPEREUR.

Généraux de Division.

MM. le comte Roguet C.
    Niel G. C.
    le comte de Goyon C.
    de Cotte C.
    Espinasse C.
    de Failly O.
    le comte de Montebello C.

Généraux de Brigade.

MM. Vaudrey G. O.
le baron Yvelin de Béville O.
le comte Ney C.
Fleury O.

Officiers d'Ordonnance de l'Empereur.

MM. le marquis de Toulongeon,
le comte Lepic.
Favé.
le baron de Méneval.
Schmitz.
Brady.
Tascher de La Pagerie.
le prince de La Tour d'Auvergne-Lauraguais.
de Chastenet, marquis de Puységur.
le baron Morand.
Davillier.
Nompère de Champagny de Cadore.

ESCADRON DES CENT-GARDES.

MM. Verly, capitaine commandant.
le comte de La Salle, capitaine en deuxième.

MAISON DE L'IMPÉRATRICE.

Grande-Maîtresse de la Maison.

Mme la princesse d'Essling.

Dames d'honneur.

Mme la duchesse de Bassano.

Dames du Palais.

Mmes la comtesse de Montebello.
la vicomtesse de Lezay-Marnezia.
la baronne de Pierres.
la baronne de Malaret.
la marquise de Las-Marismas.
la marquise de Latour-Maubourg.
la comtesse de Labédoyère.
la comtesse de Lourmel.
la comtesse de la Poëze.
la comtesse de Rayneval.
De Sancy, née Lefebvre-Desnouettes.
De Saulcy.

Dame Lectrice.

Mme la comtesse de Pons de Wagner.

Grand-Maître de la Maison.

S. Ex. M. le comte de Tascher de La Pagerie, C., sénateur.

Premier Chambellan.

M. le comte Ch. de Tascher de La Pagerie.

Chambellan.

M. le vicomte Lezay-Marnezia.

Écuyer.

M. le baron de Pierres.

Secrétaire des commandements.

M. Damas-Hinard.

Bibliothécaire particulier.

M. de Saint-Albin, à l'Élysée.

MAISON DES ENFANTS DE FRANCE.

Gouvernante.

Mme l'amirale Bruat.

Sous-Gouvernantes.

Mmes Bizot.
De Brancion.

MAISON DE S. A. I. LE PRINCE JÉROME NAPOLÉON.

Premier chambellan.

M. le comte de Mortier, G. O.

Aides de Camp.

MM. le comte de France.
le comte Bertrand.
Henry, O.
Mallet de Chauny.
le duc d'Abrantès, O.

Officiers d'Ordonnance.

MM. le baron Duperré, O.
Vast-Vimeux.
de Waldner de Freudstein.
Raffaelli.
de Launay.
le baron de Pussin-Amory.
Biadelli.

Premier écuyer.

M. le baron de Plancy (Auguste).

Écuyer commandant.

M. Robert, O.

Secrétaire des commandements.

M. Drut (André).

Intendant.

M. Campagnole (Emile).

MAISON DE S. A. I. LE PRINCE NAPOLÉON.

Aides de Camp.

MM. Ferri-Pisani (C^{lle}).
Cler.

Officier d'Ordonnance.

M. David (Jérôme).

Secrétaire des commandements.

M. Varcollier.

MAISON DE S. A. I. LA PRINCESSE MATHILDE.

Dame d'honneur.

Mme la baronne de Serlay, née de Rovigo.

Dames pour accompagner.

Mmes La comtesse de Saint-Marsault.
Ratomska, née Williamil.
Frédéric de Reiset.

Dame lectrice.

Mme de Fly.

Chevalier d'honneur.

M. le général de division Bougenel, G. O.

Secrétaire des commandements.

M. Ferrand.

MINISTRES.

Ministres Secrétaire d'État.

MM. Achille Fould, G. C., sénateur, ministre d'État et de la maison de l'Empereur.

Abbatucci, G. C., sénateur, garde des sceaux, ministre de la justice.

le comte Colonna Waleski, G. C., sénateur, ministre des affaires étrangères.

Billaut, G. O., sénateur, ministre de l'intérieur.

Magne, G. C., sénateur, ministre des finances.

le maréchal comte Vaillant, G. C., sénateur, ministre de la guerre.

l'amiral Hamelin, G. O., sénateur, ministre de la marine et des colonies.

Rouland, C., ministre de l'instruction publique et des cultes.

Rouher, G. O., ministre de l'agriculture, du commerce et des travaux publics.

Baroche, G. C., président du conseil d'État, ayant rang de ministre.

SÉNAT.

BUREAU DU SÉNAT.

Président.

S. Ex. M. Troplong, G. C., premier président de la Cour de cassation.

Vice-Présidents.

MM. Mesnard, G. C., premier vice-président du Sénat.
le maréchal comte Baraguey-d'Hilliers, G. C.
le général comte Regnaud de Saint-Jean-d'Angély, G. C.
le maréchal Pélissier, duc de Malakoff, G. C.

Grand-Référendaire.

M. le général marquis d'Hautpoul, G. C.

Secrétaire du Sénat.

M. le baron de Lacrosse, G. C.

Princes de la famille Impériale.

S. A. I. le maréchal prince Jérôme Napoléon, G. C.
S. A. I. le général prince Napoléon, G. C.

Princes de la famille civile de l'Empereur.

S. A. le prince Louis-Lucien Bonaparte, O.
S. A. le prince Lucien Murat, O.

LISTE DE MM. LES SÉNATEURS PAR ORDRE ALPHABÉTIQUE.

MM.

Abbatucci, G. C., au ministère de la justice, place Vendôme.
Achard (général, baron d'), G. C., rue des Marais-Saint-Germain, 22.
André (général, marquis d'), G. O., rue du Bac, 101.
Argout (comte d'), G. C., hôtel de la Banque.
Audiffret (marquis d'), G. O., rue Saint-Honoré, 381.

Aupick (général) G. O., rue du Cherche-Midi, 91.
Bar (général de) G. O., rue d'Isly, 13.
Baraguey-d'Hilliers (maréchal comte) G. C., Faubourg Saint-Honoré, 107.
Barbançois (marquis de) O., rue Rumfort, 8.
Barral (comte de) O., rue Saint-Honoré, 390
Barrot (Ferd.) C., rue des Saints-Pères, 48.
Barthe G. C., rue Cassette, 7.
Bassano (duc de) G. O., aux Tuileries.
Bauffremont (duc de) C., rue Matignon, 6.
De Bearn (Comte) G. O., rue de Varennes, 58.
Beaumont (comte de) de la Somme, O., rue Royale, 8.
Beauvau (prince de) O , rue des Champs-Élysées, 12.
Belbeuf (marquis de) O., rue de Lille, 63.
Berger G. O., rue Saint-Honoré, 173.
Bergeret (vice-amiral) G. C., rue Richepanse, 5.
Billaut G. O., au ministère de l'intérieur.
Boissy (marquis de) O., cité de Londres, 4.
Bonald (S. Em. le cardinal de) C., rue de Lille, 26.
Bonaparte (S. A. le prince Louis-Lucien) O., rue de Rivoli, 94.
Bonet (général comte) G. C., rue du Helder, 8.
Bonjean C., rue de Grenelle-Saint-Germain, 16.
Bosquet (maréchal), avenue des Champs-Élysées, 30.
Boulay (comte Henri), de la Meurthe, C., rue de Vaugirard, 58.
Bourgoing (baron de) G. O., rue de Beaune, 1.
Bourjolly (général) G. O. rue de La Rochefoucaud, 19.
Bourqueney (baron de) G. O., rue de Rivoli, 236.
Bret G. O., rue de la Pépinière, 19.
Breteuil (comte de) C., rue de Varennes, 65.
Cambacérès (duc de) G. O., rue de l'Université, 21.
Canrobert (maréchal) G. C., rue Royale, 10.
Carrelet (général) G. C., avenue Matignon, 4.
Casabianca (comte X. de) C., rue Saint-Arnaud, 4.
Castelbajac (général marquis de) G. O., rue de Varennes, 57.
Castellane (maréchal comte de) G. C., rue d'Aguesseau, 13.
Casy (vice-amiral comte) G., O. rue de Tivoli, 11.

Caumont la Force (comte de) O., avenue des Champs-Élysées, 129.
Cécille (vice-amiral), G. O., rue de Rivoli, 214.
Chapuys-Montlaville (baron de) O., rue du Val-de-Grâce, 9.
Charon (général) G. O., rue Richepanse, 5.
Chassiron (baron de) O., rue Caumartin, 51.
Clary (comte François) O., rue d'Aumale, 24.
Colonna Walewski (comte) G. C., au ministère des affaires étrangères.
Cramayel (général marquis de) G. O., rue de l'Université 29.
Croix (marquis de) O., rue de Grenelle-Saint-Germain, 29.
Crouseilhes (baron Dombidau de) C., rue de Lille, 77.
Curial (comte), rue Mogador, 9.
Dariste, O., rue Matignon, 20.
Delangle (le président) G. O., rue Saint-Florentin, 7.
Desfossés (vice-amiral Romain) G. O., rue de la Chaussée-d'Antin, 21.
Donnet (S. Em. le cardinal) C., rue Tivoli, 8.
Doret C., rue de la Ferme-des-Mathurins, 15.
Dubourdieu (vice-amiral baron) G. O., rue de la Ferme-des-Mathurins, 6.
Dumas, G. O., rue Grenelle-Saint-Germain, 42.
Dupin (baron Charles) G. O., rue du Bac, 24.
Dupont (S. Em. le cardinal) C., rue de Condé, 9.
Elie de Beaumont, C., rue de Varennes, 56.
Espeuilles (marquis d'), rue Bellechasse, 24.
Flahault de la Billarderie (général comte de) G. C., Champs-Elysées, 15.
Flamarens (comte de Grossolles) rue de Verneuil, 44.
Foucher (général) G. O., rue Bellechasse, 14.
Fould (Ach.) G. C., au ministère d'Etat.
Fourment (baron de), rue de l'Oratoire, 32
Gabriac (marquis de) O., rue Bellechasse, 72.
Gautier, C., hôtel de la Banque de France.
Gémeau (général) G. O., rue des Saints-Pères, 10.
Girardin (comte Ernest de), **rue** Blanche, 35.

Goulhot de Saint-Germain (de), rue du Cirque, 5.
Gousset (S. Em. le cardinal) C., rue de Grenelle-Saint-Germain, 16.
Grange (marquis Edm. de la) G. O., rue de Grenelle-Saint-Germain, 113.
Grouchy (général marquis de) G. O., rue de l'Université, 24.
Gues-Viller (général) G. O., rue Saint-Honoré 353.
Hamelin (amiral) G. C., au ministère de la marine.
Hautpoul (général marquis d') G. C., au palais du Sénat.
Heeckeren (baron de), rue de la Victoire, 84.
Herman, O., rue de la Paix, 24.
Hugon (vice-amiral baron) G. C., rue Saint-Honoré, 368.
Husson (général) G. O., rue de la Ferme-des-Mathurins, 58.
Korte (général) G. O., rue Saint-Honoré, 366.
Lacrosse (baron de), C., rue Bellechasse, 46.
Ladoucette (Ch. de), rue Saint-Lazare, 58.
Lahitte (général, vicomte de), G. C., rue de la Ferme-des-Maturins, 41.
Lalaing-d'Audenarde (général, comte de), G. C., place de la Madeleine, 15.
Lamarre (comte Ach. de), O., rue de Lille, 73.
Laplace (général, marquis de), G. O., rue Taitbout, 67.
Larabit, C., rue de l'Université, 8.
La Riboisière (comte Gaston de), G. O., rue de Bondy, 62.
Lavalette (marquis de), G. O., avenue Gabrielle, 44.
Lawœstine (général, marquis de), G. C., place Vendôme, 22.
Lebrun, O., rue de Beaune, 1.
Lefebvre Duruflé C., rue de Vaugirard, 46.
Le Marois (comte) O., rue Blanche, 33.
Lemercier (comte Louis) C., rue de l'Université, 18.
Létang (général) G. O., rue des Champs-Elysées, 5.
Levasseur (général) G. O., rue de Vaugirard, 15.
Le Verrier, C., à l'Observatoire impérial.
Lezay-Marnezia (comte de) O., rue de la Paix, 8,
Lyautey (général) G. O., rue de la Chaise, 24.
Mac-Mahon (général, comte de), rue de l'Université, 100.

Magnan (maréchal) G. C., place Vendôme, 9.
Magne G. C., au ministère des finances.
Marchant (du Nord), rue Louis-le-Grand, 18.
Mathieu (S. Em. le cardinal) C., rue du Cloître-Notre-Dame, 8.
Maupas (de) C., rue Bellechasse, 72.
Mazenod (Mgr l'évêque), O., rue de Grenelle-St-Germain, 16.
Mérimée O, rue de Lille, 52.
Mesnard G. O., au palais du Sénat.
Mimerel C., rue de la Ferme-des-Mathurins, 39.
Morlot (S. Em. le cardinal) C., rue de Sèvres, 95.
Mortemart (duc de) G. C., rue de Lille, 88.
Moskowa (général Ney, prince de la) O., rue de Berlin, 6.
Murat (S. A. le prince Lucien) O., avenue des Champs-Elysées, 121.
Ordener (général comte) G. O., rue de l'Université, 35.
Ornano (général comte d') G. C., à l'hôtel des Invalides.
Padoue (duc de), rue de Tivoli, 6.
Parseval-Deschênes (amiral) G. C., rue de Penthièvre, 11.
Pastoret (marquis de) G. O., place de la Concorde, 6.
Pelet (général baron) G. C., rue de l'Université, 80.
Pélissier (maréchal duc de Malakoff), avenue des Champs-Élysées, 115
Persigny (comte Fialin de) G. O., rue d'Artorg, 29.
Piat (général baron) G. O., rue de la Ferme-des-Mathurins 2.
Plaisance (général duc de) G. C., boulevard Malesherbes, 3.
Poinsot G. O., rue Neuve-des-Mathurins, 17.
Poniatowski (prince) G. O., rue Caumartin, 3.
Portalis (comte) G. C., rue d'Anjou-Saint-Honoré, 65.
Prevost (général), G. O., rue de Matignon, 19.
Randon (maréchal comte) G. C., gouverneur de l'Algérie.
Reille (maréchal comte) G. C., rue Saint-Dominique-Saint-Germain, 127.
Regnaud de Saint-Jean d'Angely (général comte) G. C., à l'Ecole militaire.
Rochejaquelein (marquis de la) O., rue de la Chaise, 3.
Roguet (général comte) G. O., rue de Milan, 16.

Rostolan (général de) G , boulevard des Italiens, 32.
Rouher G. O., au ministère de l'agriculture.
Saint-Simon (général, duc de) G. C., rue de Monsieur, 3.
Salle (général de) G. O., rue Vanneau, 34.
Sapey G. O., rue de Varennes, 88.
Schramm (général, comte de) G. C., rue Louis-le-Grand, 7.
Ségur-d'Aguesseau (comte de) O., rue des Champs-Élysée, 33.
Siméon (comte) C., rue de Provence, 68.
Sivry (de) O., rue Las Cases, 6.
Suleau (vicomte de) C., rue du Bac, 44.
Tascher de La Pagerie (comte de) G. C., aux Tuileries.
Thayer (Amédée) O., rue Saint-Dominique-St-Germain, 19.
Thayer (Édouard) O., rue de Courcelles, 30.
Thieullen (baron de) C., boulevard de la Madeleine, 17.
Thorigny (de) C., rue de l'Ouest, 38.
Tourangin G. O., rue Saint-Dominique, 73.
Trévise (Mortier, duc de) C., faubourg Saint-Honoré, 132.
Troplong (S. Ex.) G. C., au palais de Sénat.
Turgot (marquis de), G. O., rue Saint-Nicolas-d'Antin, 58.
Vaillant (maréchal, comte) G. C., au ministère de la guerre.
Vaïsse C., rue Neuve-des-Mathurins, 20.
Varennes (baron Burignot de) C., quai d'Orsay, 1.
Vaudrey (général) G. O., aux Tuileries.
Vicence (Caulincourt, duc de), rue Moncey, 14.
Vieillard, rue Saint-Lazare, 86.
Villeneuve de Chenonceaux (comte de) O., rue de l'Université, 50.
Wagram (Berthier, prince de), rue de la Rochefoucauld, 5.

Administration du Sénat.

M. Ballard, secrétaire de la présidence, au Petit-Luxembourg.

Bureau des Procès-Verbaux.

MM. Hippolyte Prevost, secrétaire rédacteur, chef du bureau, au Grand-Luxembourg.
Eugène Ferré, secrétaire, rédacteur-adjoint. au Grand-Luxembourg.

Bureau des Pétitions.

M. Benoist, chef, au Grand-Luxembourg.

Messagers d'État.

MM. le commandant comte Bacciocchi O.
le chef d'escadron vicomte de Gombault O.

Administration intérieure.

MM. Caussade, directeur de l'administration.
Daveluy, régisseur.
Descombes, trésorier.

Bibliothèque.

MM. Vieillard, bibliothécaire.
Etienne, bibliothécaire adjoint.

Service des Bâtiments et Jardins.

MM. Gisors O., architecte du Sénat.
Gondoin, architecte adjoint.
Regnart, inspecteur.
Hardy, jardinier en chef.

Service de la chapelle.

M. l'abbé Piétri, aumônier.

Service de santé.

MM. Boyer, médecin du Sénat.
Fouquier, médecin adjoint.

Huissiers.

M le major Roussel O., chef des huissiers.

Service Miltaire.

MM le colonel de Laborde C., gouverneur.
Mazoyer, commandant militaire.
D'Albis, adjudant.

CORPS LÉGISLATIF.

BUREAU DU CORPS LÉGISLATIF.

Présidents.

S. Ex. M. le comte de Morny G. C.

Vice-Présidents.

MM. Schneider C.
Reveil O.

Secrétaires.

MM. Comte Murat (Joachim.)
Marquis de Chaumont-Quitry.
Tesnière.
Dalloz (Édouard).

Questeurs.

MM. le général baron Vast-Vimeux G. O.
Hébert.

LISTE ALPHABÉTIQUE DE MM. LES DÉPUTÉS AU CORPS LÉGISLATIF.

MM.

Abbatucci, Séverin (Corse), au ministère de la justice.
Albuféra, duc d' (Eure), place Vendôme, 17.
Alengry O. (Aude), rue Martignac, 1.
Allart (Somme), rue de la Paix, 22.
Ancel (Seine-Inférieure), rue du Cirque, 13.

Andelarre, marquis d' (Haute-Saône), rue de Lille, 26.
André (Charente), rue de Rivoli, 188.
Arjuzon, comte d' (Eure), rue Greffulhe, 8.
Arnaud (Isère), rue du Dauphin, 5.
Aymé (Vosges), rue de Lille, 59.
Balay de la Bertrandière (Loire), rue de Chaillot, 113.
Baragnon O., (Gard), rue Duphot, 8.
Barbantane, comte de, (Saône-et-Loire), quai Voltaire, 7.
Bavoux, (Seine-et-Marne), rue des Pyramides, 3.
Beauchamp, de (Vienne) rue Miroménil, 21.
Beauveau, prince Marc de, (Sarthe), rue des Champs-Elysées, 12.
Beauverger, de (Seine-et-Marne), rue Saint-Georges, 2 bis.
Belleyme, Adolphe de (Dordogne), rue Neuve-des-Mathurins, 58.
Belliard (Gers), rue de la Chaussée-d'Antin, 22.
Belmont-Briançon, marquis de (Basses-Pyrénées), **rue de Lille**, 77.
Belmontet (Tarn-et-Garonne), rue Pigale 8.
Bertrand (Yonne), rue des Saints-Pères, 15.
Benoit-Champy O. (Ain), rue Saint-Honoré, 350.
Bodin (Ain), cité Bergère, 6.
Bois de Mouzilly (Finistère), rue de Seine, 54.
Boissy-d'Anglas, comte de, C. (Ardèche), rue d'Anjou-Saint-Honoré, 69.
Bouchetal-Laroche (Loire), rue des Frondeurs, 6.
Boullé, général G. O. (Morbihan), rue Saint-Honoré, 334.
Bourcier de Villers, comte de (Vosges), rue Bellechasse, 13.
Bourlon (Vienne), rue Pigale, 18.
Briot de Monremy (Meuse), rue Lille, 26.
Brohier de Littinière (Meurthe), rue Gaillon, 11.
Brunet-Denon, général baron, C. (Saône-et-Loire), rue Royale Saint-Honoré, 7.
Bryas, comte de (Indre), rue Saint-Dominique-Saint-Germain, 87.
Bucher de Chauvigné (Maine-et-Loire), rue Jacob, 22.

Buquet, baron (Meurthe), rue de Provence, 56.
Bussière, baron Alfred de, O. (Bas-Rhin), rue de la Pépinière, 31.
Busson (Ariége), rue du Mont-Thabor, 40.
Cabias (Rhône), rue Castiglione, 14.
Caffarelli, comte (Ille-et-Vilaine), rue de Varennes, 58.
Calvet-Rogniat (Aveyron), rue Castiglione, 8.
Cambacérès, comte de (Aisne), rue Saint-Dominique-Saint-Germain, 129.
Canaple (Bouches-du-Rhône), place de la Madeleine, 33.
Carayon-Latour, baron de (Tarn), rue Royale-St-Honoré, 11.
Caruel de Saint-Martin, baron (Seine-et-Oise), rue de Lille, 9.
Caulincourt, marquis de O. (Calvados) rue de Grenelle-Saint-Germain, 29.
Cazelles O. (Hérault), rue Saint-André-des-Arts, 51.
Chabrillan, comte de (Saône-et-Loire), rue d'Anjou-Saint-Honoré, 31.
Champagny, comte Napoléon de (Morbihan), avenue Montaigne, 77.
Champagny, comte Jérôme-Paul de, (Côtes-du-Nord), rue de l'Arcade, 4.
Charlier (Jura), rue Taitbout, 67.
Chasseloup-Laubat, comte Prosper de, C. (Charente-Inférieure), rue de la Bienfaisance, 11.
Chauchard (Haute-Marne), rue de l'Ouest, 42.
Chaumont de Quitry, marquis (Sarthe), rue de la Ville-l'Evêque, 23.
Chazelles, Léon de (Puy-de-Dôme), rue Jacob, 39.
Chevalier, Auguste (Aveyron), rue de Tivoli, 18.
Choque (Nord), rue Bellechasse, 33.
Clary, vicomte, O. (Loir-et-Cher), rue Barbet-de-Jouy, 17.
Clebsattel, de (Nord), rue Neuve-des-Capucines, 24.
Coehorn, baron de (Bas-Rhin), rue de l'Arcade, 13.
Collot, Edme (Meuse), rue de Champagny, 5.
Conneau, C. (Somme), rue Saint-Honoré, 216.
Conseil (Finistère), rue de Greffulhe, 3.

Corberon, baron de (Oise), rue de Bourgogne, 15.
Corneille, Pierre-Alexis (Seine-Inférieure), rue d'Alger, 3.
Corta (Landes), rue Jacob, 44.
Coulaux (Bas-Rhin), rue Richepanse, 13.
Creuset (Cantal), rue de l'Arcade, 13.
Crosnier, C. (Loir-et-Cher), rue Drouot, 5.
Cuverville, de (Côtes-du-Nord), rue de Grenelle-Saint-Germain, 16.
Dalloz, Éd. (Jura), rue Saint-Dominique, 32.
Darblay j^e, (Seine-et Oise), rue de Rivoli, 156.
Dautheville, général C. (Ardèche), rue Neuve-des-Mathurins, 74.
Dauzat-Dembarrère (Hautes-Pyrénées), rue Neuve-des-Mathurins, 60.
David (Gironde), rue de Bayonne, 46.
David, Ferd. (Deux-Sèvres), rue de l'Université, 86.
Debrotonne (Aisne), rue des Champs-Élysées, 15.
Delamarre, O. (Creuze), rue du Val-de-Grâce, 2.
Delamarre, O. (Somme), rue des Jeûneurs, 27.
Delapalme (Seine-et-Oise), rue Neuve-Saint-Augustin, 5.
Delavau (Indre), rue Taitbout, 4.
Deltheil (Lot), rue de Lille, 5.
Descat (Nord), passage des Petites-Écuries, 15.
Desmaroux de Gaulmin (Allier), rue de Lille, 37.
Desmars (Loire-Inférieure), rue de Grenelle-Saint-Germain, 16.
Des Molles (Lozère), rue Gaillon, 3.
Dewinck, O. (Seine), rue Saint-Honoré, 175.
Didier (Ariége), rue de Hanovre, 21.
Doumet, O. (Hérault), rue Saint-Hyacinthe-Saint-Honoré, 5.
Drouot (Meurthe), rue d'Alger, 3.
Duboys, O. (Maine-et-Loire), rue Jacob, 26.
Duclos (Ille-et-Vilaine), rue de Marivaux, 9.
Dugas, Henri (Rhône), rue de Lille, 115.
Dumarais, colonel, O. (Loire), rue d'Alger, 4.
Dumiral (Puy-de-Dôme), rue Thérèse, 11.
Duplan, O. (Haute-Garonne), rue de Baune, 7.
Dupont, Paul (Dordogne), rue de Grenelle-Saint-Honoré, 45.

Durand, Justin (Pyrénées-Orientales), rue Neuve-des-Mathurins, 43.
Durfort de Civrac, comte de (Maine-et-Loire), rue de Grenelle-Saint-Germain, 83.
Dusolier (Dordogne), rue Royer-Collard, 12.
Eschassériaux, baron (Charente-Inférieure), rue de Suresnes, 13.
Etcheverry (Basses-Pyrénées), place de la Madeleine, 7.
Faugier (Isère), place de la Madeleine, 31.
Faure, O. (Hautes-Alpes), rue Neuve-Saint-Augustin, 59.
Favart (Corrèze), rue de la Bourse, 3.
Favre, Ferdinand, O. (Loire-Inférieure), rue des Bons-Enfants, 20.
Fay de Latour-Maubourg, marquis de (Haute-Loire), rue de la Ville-l'Évêque, 14.
Flavigny, comte de, O. (Indre-et-Loire), rue des Saussaies, 9.
Fleury, Anselme (Loire-Inférieure), cité d'Antin, 16.
Flocard de Mépieu (Isère), rue Richepanse, 11.
Fouché Lepelletier (Seine), rue Barbet-de-Jouy, 20.
Gareau (Seine-et-Marne), rue de l'Arcade, 23.
Garnier (Loire-Inférieure), boulevard des Italiens, 5.
Geiger, baron de (Moselle), rue Richelieu, 59.
Gellibert des Seguins, général, C. (Charente), rue du Dauphin, 1.
Geoffroy de Villeneuve (Aisne), rue de Choiseul, 23.
Girou de Buzareingues (Aveyron), place Royale, 28.
Gisclard (Tarn), rue de Grenelle-Saint-Germain, 39.
Godard Desmarets (Nord), cité Bergère, 1.
Gorsse, général baron, C. (Tarn), rue Saint-Dominique 58.
Gouin (Indre-et-Loire), rue du Hâvre, 12.
Gouy-d'Arsy, comte de (Seine-et-Oise), rue Neuve-des-Mathurins, 96.
Grammont, marquis de (Haute-Saône), rue de Lille, 121.
Granier de Cassagnac (Gers), rue Saint-Florentin, 4.
Guillaumin (Cher), rue...
Guyard-Delalain (Seine), rue Castiglione, 10.
Hallez-Claparède, baron (Bas-Rhin), rue Saint-Florentin, 7.

Haudos (Marne), rue Neuve-Saint-Augustin, 59.
Hébert (Aisne), au palais du Corps législatif.
Hennoque, colonel, O. (Moselle), rue de Bourgogne, 42.
Hérambault, d' (Pas-de-Calais), rue d'Antin, 8.
Herlincourt, baron d' (Pas-de-Calais), rue de Las-Cases, 16.
Houdetot, général comte d', C. (Calvados), rue de Londres, 10.
Janvier de la Motte, comte (Tarn-et-Garonne), rue Saint-Lazare, 24.
Jonage, comte de (Ain), rue de la Chaussée-d'Antin, 34.
Jouvenel, baron Léon de (Corrèze), avenue des Champs-Élysées, 26.
Jubinal, Achille (Hautes-Pyrénées), rue Caumartin, 35.
Kergorlay, comte de, O. (Manche), rue de Varennes, 48.
Kerwéguen, vicomte de (Var), rue de Clichy, 28.
Kœnigswarter (Seine), rue d'Astorg, 4.
Ladoucette, baron Eugène de (Ardennes), rue Saint-Lazare, 58.
Laffitte (Lot-et-Garonne), rue des Champs-Élysées, 5.
Lagrange, baron de, O. (Nord), rue Miroménil, 21.
Lagrange, comte Frédéric de (Gers), rue du Cirque, 2.
Langlais (Sarthe), rue de Choiseul, 8.
Lanquetin, O. (Seine), quai de Béthune, 34.
Latour, vicomte de (Côtes-du-Nord), rue de Grenelle-Saint-Germain, 16.
Latour Du Moulin, O. (Doubs), rue de Rivoli, 196.
Latour-Maubourg, marquis de, O. (Haute-Loire), rue de la Ville-l'Évêque, 14.
Laugier de Chartrouse, baron (Bouches-du-Rhône), rue du Havre, 15.
Le Breton, général, G. O., (Vendée), rue de la Ferme, 22.
Leclerc, Jules (Mayenne), rue de la Ferme-des-Mathurins, 14.
Le Comte, O. (Yonne), rue de la Paix, 7.
Le Comte (Côtes-du-Nord), rue Jean-Goujon, 29.
Ledier (Seine-Inférieure), rue Saint-Lazare, 66.
Lefébure (Haut-Rhin), rue Laffitte, 3.
Legrand-Hermand (Pas-de-Calais), rue Casimir Périer, 11.
Lefebvre (Nord), rue de Grenelle-Saint-Germain, 89.

Le Harivel (Ille-et-Vilaine), rue Caumartin, 2.
Lélut, O. (Haute-Saône), à la Salpêtrière.
Lemaire, O. (Nord), rue Jean-Bart, 3.
Lemaire, O. (Oise), rue Saint-Georges, 20.
Le Mélorel de la Haichois (Morbihan), rue Neuve Saint-Augustin, 69.
Le Mercier, vicomte Anatole (Charente-Inférieure), quai Voltaire, 25.
Lhéardière, de (Deux-Sèvres), place Vendôme, 19.
Le Peletier d'Aunay, comte Octave (Nièvre), rue de l'Université, 5.
Lequien, O. (Pas-de-Calais), rue Vanneau, 30.
Leroux, Alfred (Vendée), quai d'Orsay, 1.
Leroy-Beaulieu (Calvados), rue Saint-Honoré, 223.
Lescuyer-d'Attainville (Var), rue de l'Université, 86.
L'Espérut, baron (Haute-Marne), rue du Cirque, 13.
Levavasseur (Seine-Inférieure), rue de la Chaussée-d'Antin, 68.
Louis-Bazile (Côte-d'Or), rue de Luxembourg, 8.
Louvet (Maine-et-Loire), rue du Faubourg Saint-Honoré, 124.
Marrast, François (Landes), rue du Dauphin, 5.
Massabiau (Haute-Garonne), rue Olivier Saint-Georges, 25.
Maupas, de (Aube), rue de Luxembourg, 8.
Mercier, O. (Mayenne), rue de Londres, 11.
Mercier, baron O. (Orne), rue Richepanse, 14.
Meslin, général G. O. (Manche), rue Bellechasse, 50.
Mésonan, de, C. (Finistère), rue Saint-Nicolas d'Antin, 29.
Migeon, comte Jules (Haut-Rhin), rue de Grenelle Saint-Germain, 102.
Millet (Vaucluse), rue de Londres, 3.
Monier de la Sizeranne, O. (Drôme), rue de Chaillot, 103.
Monnin-Japy, O. (Seine), rue du Temple, 198.
Montalembert, comte de (Doubs), rue du Bac, 40.
Montané (Gironde), rue Saint-Arnaud, 12.
Montreuil, baron de (Eure), rue Taranne, 10.
Morin (Drôme), rue de Luxembourg, 40.
Morny, comte de, G. C. (Puy-de-Dôme), ambassadeur en Russie.

Mortemart, marquis de (Rhône), rue Matignon, 12.
Murat, comte Joachim (Lot), rue de Courcelles, 30.
Nesle, comte de (Cher), rue....
Nogent Saint-Laurent (Loiret), rue de Verneuil, 4.
Normand, colonel, C. (Eure-et-Loire), rue Caumartin, 61.
Noualhier (Haute-Vienne), rue Martignac, 6.
Noubel (Lot-et-Garonne), rue des Champs-Élysées, 14.
O'Quin (Basses-Pyrénées), rue du Mont-Thabor, 38.
Ornano, comte Rodolphe d', O. (Yonne), aux Invalides.
Ouvrard, Jules (Côte-d'Or), rue de la Paix, 1.
Parchappe, général, G. O. (Marne), rue Basse-du-Rempart, 66.
Parieu, de, O. (Cantal), rue de Tournon, 2.
Pennautier, comte de (Puy-de-Dôme), rue Saint-Dominique Saint-Germain, 69.
Perpessac, de (Haute-Caronne), rue de Provence, 7.
Perret (Seine), place Royale, 20.
Pétiet, général, baron G. O. (Nièvre), rue Caumartin, 54.
Pierre, comte de (Puy-de-Dôme), rue des Champs-Élysées, 13.
Haré de Rosnyvinen, marquis de (Ille-et-Vilaine), avenue des Champs-Élysées, 13.
Plancy, vicomte de (Oise), rue Saint-Lazare, 7.
Planté (Basses-Pyrénées), rue de l'Arcade, 13.
Portalis, baron Jules de (Var), rue de la Ville-l'Évêque, 43.
Quesné (Seine-Inférieure), rue de Varennes, 88.
Rambourgt, vicomte de (Aube), rue d'Alger, 5.
Randoing (Somme), rue Mogador, 5.
Ravinel, baron de (Vosges), rue de Las-Cases, 8.
Reguis, colonel, O. (Basses-Alpes), rue de l'Université, 32.
Reille, baron Gustave, O. (Eure-et-Loir), rue St-Dominique, 127.
Reinach, baron de (Haut-Rhin), rue Richelieu, 23 bis.
Reveil, O. (Rhône), rue de Vaugirard, 31.
Riché (Ardennes), rue Neuve-des-Mathurins, 2.
Richemont, baron Paul de O. (Indre-et-Loire), rue d'Amsterdam, 82.
Richemont, vicomte de (Lot-et-Garonne), rue des Champs-Élysées, 13.

Rigaud (Bouches-du-Rhône), rue de la Madeleine, 32.
Robert-Beauchamp (Vienne), rue
Rochemure, comte de (Ardèche), rue de Matignon, 6.
Romeuf, de, O. (Haute-Loire), rue Mogador, 10.
Roques-Salvaza (Aude), rue Caumartin, 39.
Roulleaux-Dugage, C. (Hérault), rue Neuve-des-Capucines, 15.
Sainte-Croix, marquis de, C. (Orne), rue Miroménil, 37.
Sainte-Hermine, marquis de (Vendée), rue de Bourgogne, 53.
Saint-Germain, Hervé de (Manche), rue de Valois-du-Roule, 9.
Sallandrouze de Lamornaix, O. (Creuse), boulevard Poissonnière, 23.
Sapey, O. (Drôme), rue de Varennes, 88.
Schneider (Saône-et-Loire), rue Boudreau, 1.
Schyler (Gironde), rue des Pyramides, 4.
Segretain (Mayenne), rue de Grenelle Saint-Germain, 16.
Seydoux, O. (Nord), rue de Clichy, 66.
Soullié (Marne), rue Richelieu, 63.
Taillefer (Dordogne), rue Neuve-Saint-Roch, 39.
Talhouet, marquis de, (Sarthe), avenue de Marigny, 21.
Tarente, Macdonald duc de, O. (Loiret), boulevard de la Madeleine, 17.
Tauriac, comte de, (Haute-Garonne), rue des Champs-Elysées, 13.
Tesnière (Charente), rue Royale-Saint-Honoré, 19.
Thibaut, Germain, O. (Seine), rue du Sentier, 44.
Thiérion, colonel comte, C. (Gironde), rue Saint-Lazarre, 102.
Tillette de Clermont, baron (Somme), rue Caumartin, 19.
Tixier (Haute-Vienne), rue Saint-Dominique-Saint-Germain, 49.
Torcy, marquis de, O. (Orne), rue Tronchet, 2.
Travot, baron (Gironde), à la Banque de France.
Tromelin, comte de, O. (Finistère), rue de la Ville-l'Evêque, 48.
Uzès, duc d' (Gard, rue de la Chaise, 7.
Varin d'Ainvelle (Gard), rue de Grenelle-Saint-Germain, 65.
Vast-Vimeux, général baron, G. O. (Charente-Inférieure), au palais du Corps législatif.

Vautier, Abel (Calvados), rue d'Enfer, 29.
Veauce, baron de (Allier), rue Beaujon, 19.
Verclos, marquis de (Vaucluse), rue de la Madeleine, 45.
Vernier (Côte-d'Or, rue de la Paix, 9.
Véron O. (Seine), rue de Rivoli, 232.
Viard, baron (Meurthe), rue Richepanse, 4.
Voize, de (Isère), rue du Cirque, 9.
Wattebled (Pas-de-Calais), rue d'Alger, 12.
Wendel, de (Moselle), rue de Clichy, 19.

ADMINISTRATION.

Secrétariat général de la Présidence.

MM. Valette O., secrétaire général.

Service des Procès-verbaux.

Denis-Lagarde O., secrétaire rédacteur.

Secrétariat de la Questure.

Levaillant, secrétaire de la questure.

Bibliothèque.

Miller, bibliothécaire.

Archives.

Doulcet, archiviste.

Messagers d'Etat.

Jeanmaire O.
Brancas-Duponceau.

Huissier.

Pougny, chef.

Bureau de poste près le Corps Législatif.

Pihan Delaforest, directeur.

Service des bâtiments.

De Joly, architecte.

CONSEIL D'ÉTAT.

L'Empereur.
S. A. I. le prince Jérôme Napoléon G. C.
S. A. I. le prince Napoléon G. C.

Président du Conseil d'État.

S. Ex. M. Baroche G. C., ayant rang de ministre, rue de Varennes, 78.

Vice-Président.

M. de Parieu C., rue de l'Université, 27.

Présidents des Sections.

MM. le général Allard C., rue du Luxembourg, 24 (guerre et marine).
Boudet O., rue de la Chaussée-d'Antin, 49 (contentieux).
Vuillefroy O., rue de Bruxelles, 24 (travaux publics, agriculture et commerce).
Baron J. Boulay (de la Meurthe), C., rue de l'Université, 24, (intérieur, instruction publique et cultes).
Boinvilliers O., rue de Choiseul, 3 (Finances).

CONSEILLERS D'ÉTAT.

En service ordinaire.

MM.

Barbaroux C., place du palais Bourbon, 6.
Carlier C., rue d'Antin, 19.
Charlemagne, rue Saint-Honoré, 239.
Villemain O., rue Basse-du-Rempart, 66.
Suin O., rue de Sèze, 10.
Lacaze, rue de la Ferme-des-Mathurins, 54.
Le Roy de Saint-Arnaud (Ad.) O., quai de la Tournelle, 27.
Cuvier (Frédéric), rue d'Astorg, 4 bis.
Marchand, rue Lafayette, 16.
Flandin, rue du Havre, 5.
Godelle, rue du Luxembourg, 20.
Boulatignier O., rue Saint-Lazare, 36.
Frémy O., rue Saint-Lazare, 36.
Chevalier (Michel), O., rue de l'Université, 73.
Beauchart (Q.), place de la Pépinière, 101 bis.
Conti, rue Miroménil, 11.
Vuitry, rue de la Pépinière, 19.
Denjoy, rue de Lille, 70.
Heurtier O., rue de Grenelle-Saint-Germain, 71.
Baron de Vincent C., rue de Lille, 54.
Persil G. O., à Antony (Seine).
Vicomte de Cormenin O., rue de l'Arcade, 25.
Cochelet C., rue de la Victoire, 40.
Maigne, rue Castiglione, 10.
Cordunet, rue de Condé, 10.
Dubessey C., rue Tronchet, 29.
Thierry (Amédée) O., rue de Grenelle-Saint-Germain, 122.
Montaud O., rue Boursault, 11 bis.
Baron de Butenval G. O., rue de la Michodière, 4.
Comte E. Dubois O., rue de la Madeleine, 33.
Baron Quinette O., rue de la Ville-l'Évêque, 39.

Blondel C., rue Taitbout, 55.

Comte de Chanterac O., rue de la Chaussée-d'Antin, 58 bis.

Vicomte de la Guéronnière Ó., rue Joubert, 21.

Baron de Bussière (Léon), rue de la Ville-l'Évêque, 52.

Vicomte de Rougé, rue de Babylone, 53.

Gasc, rue de Berlin, 14.

Duvergier O., rue Neuve de l'Université, 8.

Lestiboudois, rue de la Victoire, 92.

De La Cour C., rue de Rivoli, 232.

Vicomte du Martroy, quai Voltaire, 25.

Le Play C., rue Saint-Dominique Saint-Germain, 17.

Bréhier, rue d'Alger, 11.

CONSEILLERS D'ÉTAT
en service ordinaire, hors sections.

MM.

Stourm O, directeur général des postes, à l'hôtel des postes, rue Coq-Héron, 12.

Armand Lefebvre C., directeur des fonds et de la comptabilité au ministère des affaires étrangères, rue de l'Isly, 8.

Gréterin G. O. directeur général des douanes et des contributions indirectes, rue Neuve-Saint-Roch, 25.

Petitet C., directeur de la comptabilité au ministère de la guerre, rue de l'Université, 88.

Baron de Sibert de Cornillon C., secrétaire-général du ministère de la justice, au ministère de la justice.

Général Niel G. O. membre du comité du génie, rue Saint-Florentin, 4.

Général Daumas G. O. directeur des affaires de l'Algérie, au ministère de la guerre, rue de Grenelle-Saint-Germain, 122.

Mestro, C, directeur des colonies au ministère de la marine.

Darricau, G. O, intendant militaire, directeur de l'administration au ministère de la guerre, rue de Grenelle-Saint-Germain, 67.

De Royer C., procureur général près la cour de cassation, rue de Vaugirard, 67.

Layrie C., directeur du personnel au ministère de la marine.
De Contencin O., directeur général de l'administration des cultes, rue Las-Cases, 8.
Vaïsse C., rue du Luxembourg, 33.

MAÎTRES DES REQUÊTES

de première classe.

MM.

Gomel, rue des Moulins, 12.
Chassérian O., rue Fléchier-Saint-Georges, 2.
Loyer, rue du Bac, 34.
Gaslonde, rue Saint-Lazarre, 119.
De Forcade de la Roquette, rue des Saussaies, 14.
Pascalis, quai Conti, 11.
Bataille, rue de la Ville-l'Evêque, 4.
Pagès, rue Louis-le-Grand, 18.
De Lavenay, rue de Ponthieu, 12.
Berger (Léon), rue Saint-Honoré, 171.
Goupil, rue Laffitte, 47.
Baron Dufay de Launaguet, rue Saint-Honoré, 203.
Abbatucci, au ministère de la justice.
De Calvimont, rue d'Anjou-Saint-Honoré, 80.
Baron de Chassiron (Ch.), rue Pigale, 34.
Richaud, rue du Sentier, 26.
Vicomte Redon de Beaupréau, rue de Clichy, 5.
Jahan O., rue de Trévise, 40.
François, rue Hauteville, 25.
Louyer-Villermay, rue Saint-Honoré, 175.

MAITRES DES REQUÊTES

de deuxième classe.

MM.

Du Berthier, rue Mondovi, 6.
Vicomte Portalis (Ernest), rue de l'Université, 80.
Vicomte d'Argout (Gaston), rue Louis-le-Grand, 28.
Baron de Bernon, rue des Saints-Pères, 3.
Aubernon, rue de Verneuil, 55.
De Maupas (Paul), rue de l'Université, 31.
De Ségur (Anatole), rue du Bac, 44.
Crignon de Montigny, rue Lavoisier, 22.
Vicomte de Missiessy, rue Grenelle-Saint-Germain, 71.
Baroche (Ernest), rue de Varennes, 78.
Baron de Montour, rue de Grenelle-Saint-Germain, 80.
Baron de Cardon de Sandrans, rue de Sèvres, 17.
Leblanc (Ernest), rue d'Aumale, 28.
Leviez, rue Casimir-Périer, 3.
Robert (Ch.) rue Rousselet-Saint-Germain, 3.
Vicomte de Casabianca, rue Duphot, 18.
Mesnard, au palais du Luxembourg.
Colas de la Noue, rue de Grenelle-Saint-Germain, 104.
Fouquier, rue de Lille, 3.
Fortoul (Charles), rue

ADMINISTRATION DU CONSEIL D'ÉTAT.

Hôtel du Conseil d'État, quai d'Orsay.

Secrétaire général du Conseil d'État.

M. Boilay, maître des requêtes, rue Laffitte, 12.

Bureaux.

MM. Jules Landragin, chef du bureau, rue Blanche, 96.
   Michel Moring, sous-chef, rue du Faubourg-Poissonnière, 78.
   Rabache, sous-chef (enregistrement et départ), rue Saint-Ferdinand, 12, aux Ternes.
   Nicolle, sous-chef (expédition), avenue de Saxe, 13.

Archives.

M. Regnault, archiviste, avenue de Marigny, 25.

Bibliothèque.

M. Fix, bibliothécaire, rue de l'Estrapade, 15.

Cabinet de S. Exc. M. le Président.

M. Hudault, éditeur de première classe, chef, rue....

GRANDE CHANCELLERIE DE L'ORDRE IMPÉRIAL DE LA LÉGION D'HONNEUR.

S. Exc. M. le général de division Lebrun, duc de Plaisance, G. C., grand chancelier.
M. le général de brigade Maizière G. O., secrétaire général.
M. le vicomte de Hédouville O., chef d'escadron d'état-major, aide de camp.

Secrétariat général.

M. Renaux, chef de bureau.
M. Palluy, chef de la division administrative.
M. Saisset, chef de la division des fonds et de comptabilité générale.

MAISONS IMPÉRIALES NAPOLÉON
(DE L'ORDRE DE LA LÉGION D'HONNEUR).

Maison Impériale de Saint-Denis.

Mme la baronne Daumesnil, surintendante.

Maisons d'Écouen et des Loges.

Mme Daussy, supérieure générale de la congrégation de la Mère-de-Dieu.

SUS AUX COSAQUES!

AIR DES COSAQUES.

PREMIER COUPLET.

Marchons, amis, au loin le canon gronde,
L'air retentit de sa terrible voix;
Brisons du Tzar, pour le repos du monde,
L'ambition, les despotiques lois.
Fiers Highlanders, indomptables Zouaves,
Ouvrez la marche au sein de l'ennemi,
Et dispersez tous ces troupeaux d'esclaves, } *bis.*
Sous le regard des aigles de Lodi.

2ᵉ COUPLET.

Enflé d'orgueil, ivre de sa puissance,
Le Tzar au Turc voulait donner des fers;
Mais il a vu les fils de cette France
Dont la valeur fit trembler l'univers.
A leur aspect, la crainte, les alarmes
Ont envahi ses immenses États.
Courage, amis, préparons tous nos armes } *bis.*
Et dans le sang noyons ses attentats.

3ᵉ COUPLET.

Peuple abruti par mille ans d'esclavage,
Ouvre tes bras à tes libérateurs;
Tourne tes coups, ta force et ton courage
Contre le joug de tes vils oppresseurs.

Et si du knout la trace humiliante
A si longtemps flétri tes tristes jours,
Réjouis-toi, la France triomphante
De tous tes maux va terminer le cours. } bis.

4ᵉ COUPLET.

Je ne veux point te retracer l'histoire
De ces héros, nos immortels aïeux,
Cent monuments éternisent leur gloire,
Et leur vaillance en fit des demi-dieux ;
Mais de l'Alma, mais d'Inkermann, naguère
Nous avons vu ces luttes de géants,
Où les conscrits de France et d'Angleterre
Ont écrasé tes meilleurs combattants. } bis.

5ᵉ COUPLET.

Sonnez, clairons, cymbales éclatantes,
Donnez partout le signal des combats,
Et que du Tzar les cohortes tremblantes
Sentent les coups de nos vaillants soldats.
L'Europe attend la victoire dernière
Qui doit donner la paix à l'univers.
Russes, le jour, en rouvrant sa carrière,
Verra vos champs de vos débris couverts. } bis.

ED. RAMON.

Paris, 5 septembre 1855.

ROMANCE

A L'OCCASION DE LA NAISSANCE DU PRINCE IMPÉRIAL.

AIR : *Ce que j'éprouve en vous voyant.*

Noël! Noël! le vieux bourdon
Résonne aux tours de Notre-Dame;
D'ici je vois tressaillir l'ame
De l'empereur Napoléon. *(bis.)*
Canons, tonnez aux Invalides,
Célébrez ce jour triomphal;
Proclamez jusqu'aux Pyramides
Le nom du prince impérial. *(ter.)*

Salut, ô noble rejeton!
L'amour et l'honneur de la France;
En toi repose l'espérance
De l'immortelle nation. *(bis.)*
Héritier des vertus d'un père
Qui t'apprendra l'art de régner
Tu sauras de ta noble mère
Comment on peut se faire aimer. *(ter.)*

Ange de paix et d'amour,
Tu viens soulager la souffrance;
Le jour même de ta naissance
Est partout un jour de pardon. *(bis).*

Tu vois à peine la lumière,
Que déjà dans tout l'univers
Au Ciel s'élève la prière
De ceux dont tu brises les fers. *(ter.)*

Reçois dans ton berceau royal
Les vœux ardents de chaque mère
Dont le fils trouve presque un frère
Au pied du trône impérial. *(bis.)*
Qu'avec toi commence un autre ère,
Ère de gloire et de bonheur,
Quand, par ma voix, la France entière
Bénit son futur Empereur. *(ter.)*

Ed. Ramon.

Paris, 16 mars 1856.

MÉMORIAL CHRONOLOGIQUE

SIXIÈME ANNÉE DU RÈGNE IMPÉRIAL (1857-1858).

Le projet de loi ouvrant au ministre des affaires étrangères un crédit de 180,000 fr., destiné à l'acquisition du tombeau et de l'habitation de l'empereur Napoléon à Sainte-Hélène, a été présenté au Corps législatif. L'exposé des motifs nous apprend que Longwood a été approprié en bâtiment de ferme ; la chambre où Napoléon a rendu le dernier soupir est aujourd'hui une étable. Le terrain du tombeau a également subi de déplorables profanations. La spéculation américaine en dispute la possession à la France, mais, grâce à l'intervention du gouvernement anglais, la France peut acquérir ces ruines. Le gouverneur de Longwood est nommé.

※

Le bref du pape portant institution canonique de la grande aumônerie de France, en fait connaître avec détail les attributions et les prérogatives, en date du 24 mars 1857 à Rome.

※

Les plénipotentiaires de France, d'Autriche, de la Grande-Bretagne, de Prusse, de Russie et de Suisse, réunis à Paris, au ministère des affaires étrangères, ont signé un traité qui règle, d'une manière définitive, la question de Neufchatel par la renonciation de S. M. le roi de Prusse aux droits souverains que les traités lui attribuaient sur cette principauté, et au moyen d'engagements contractés par la Confédération suisse.

※

Le ministre de la guerre a envoyé dernièrement à chacun des régiments qui ont pris part à la guerre d'Orient une bande de soie sur laquelle sont gravés en lettres d'or les mots *Inkermann*, *Sébastopol*, pour être ajoutés à la suite des batailles déjà inscrites sur leurs drapeaux.

Le projet de loi portant demande d'un crédit supplémentaire ayant pour objet d'élever de 150 fr. par an la solde des capitaines, lieutenants et sous-lieutenants de l'armée de terre, a été voté par le Corps législatif, dans sa séance du 23 mai 1857, à l'unanimité des voix des membres votants.

Loi qui approuve la convention passée, le 13 avril 1857, pour la cession à l'État de l'École centrale des arts et manufactures à Paris.

Le *Moniteur* publie le décret suivant portant promulgation de la convention signée, le 10 juin 1857, entre la France et le grand duché de Luxembourg, pour l'établissement d'un chemin de fer international.

Visite en juin 1857 du grand-duc Constantin de Russie, qui a été reçu à Paris avec tous les honneurs dus à son rang et à l'alliance des souverains de l'Europe.

DERNIÈRE SESSION LÉGISLATIVE

(11 juin 1857).

A l'ouverture de la dernière session, le Corps législatif, élu en 1852, a reçu les remercîments de l'Empereur; il mérite également ceux de la France.

Aucune législature n'a concouru à de plus grandes choses et n'a été plus féconde en travaux utiles. La résurrection de l'Empire, la guerre d'Orient, le rétablissement de la paix générale et du prestige du nom français, tous ces faits mémorables auxquels le Corps législatif a participé et dont un seul suffirait pour lui assigner une belle place dans l'histoire, ne doivent point faire oublier tant de lois importantes sorties de ses délibérations. Dans une période de cinq ans, et avec des sessions de trois ou quatre mois, la dernière législature a fait plus que n'eussent fait, en dix années de sessions interminables, nos anciennes assemblées délibérantes. Le nombre des projets de lois qu'elle a examinés, discutés et votés ne s'élèvent pas à moins de 979, dont 240 d'intérêt général, et 739 d'intérêt départemental ou communal.

Mais la loi la plus importante pour l'administration intérieure est celle de l'organisation municipale, qui, tout en laissant aux habitants de la commune le droit d'élire leurs conseillers, a permis au Gouvernement de choisir pour maire l'homme le plus capable de se mettre au-dessus des passions locales et de veiller à l'intérêt de tous.

Les grands travaux publics ont eu une large part dans les lois votées par cette législature. Si l'exécution de nos premières lignes de chemins de fer remonte au chef de l'Etat et aux gouvernements précédents, les principales ramifications de notre grand réseau national n'ont été rendues possibles qu'à l'aide des subventions accordées par le Corps législatif. La liste en est considérable : elle comprend les chemins de fer de Paris à Cherbourg, de Bordeaux à Cette, la réunion des chemins de fer de Lyon à Avignon et d'Avignon à Marseille en une seule administration, les chemins de fer de Bordeaux à Bayonne, de Narbonne à Perpignan, de Lyon à Genève avec embranchement sur Bourg et sur Mâcon, de Saint-Rambert à Grenoble, de Grenoble à Valence, du Rhône à la Loire ; enfin toutes les lignes dont se composent le Grand-Central, le réseau pyrénéen, et la réunion des chemins de fer de l'Ouest.

La réduction de la taxe des lettres à un taux modéré et uniforme pour tout l'Empire ; mesure si avantageuse aux relations commerciales et privées.

L'autorisation de faire transporter par la poste, moyennant une légère rétribution, les échantillons, les imprimés, les papiers d'affaires ou de commerce.

L'emploi plus facile et moins coûteux de la télégraphie électrique au profit des particuliers.

Une subvention accordée au télégraphe sous-marin de la Méditerranée pour relier plus étroitement notre colonie d'Afrique à la métropole.

L'impôt sur les valeurs mobilières qui, en répondant aux conditions d'égalité, base de tous nos impôts, procure au Trésor public une ressource précieuse qui a déjà permis d'alléger les droits de l'enregistrement.

Les lois qui autorisent la ville de Paris à contracter des emprunts considérables pour subvenir aux dépenses de son embellissement et aux besoins de la caisse de la boulangerie, grâce à laquelle les habitants de toutes les classes ont traversé une suite d'années de disette sans voir augmenter sensiblement le prix du pain.

La loi sur les pensions civiles, qui établit l'uniformité dans les droits des fonctionnaires des diverses administrations et leur assure à tous une retraite proportionnée à leurs services.

Les lois qui accordent, au nom de la France reconnaissante, des pensions nationales aux veuves des maréchaux Excelmans, Oudinot, Bugeaud, de Saint-Arnaud, à la veuve du savant Eugène Burnouf, aux héritiers de l'homme utile, longtemps méconnu, Philippe de Girard, qui, en inventant la filature mécanique du lin, avait mérité le prix fondé par l'Empereur Napoléon 1er.

La loi qui fixe les conditions nécessaires pour l'établissement et la prorogation des comptoirs et sous-comptoirs d'escompte.

Celle qui, en prorogeant le privilége de la Banque de France et en donnant une nouvelle stabilité à notre premier établissement de crédit, procure au Trésor et aux transactions commerciales d'incontestables avantages.

Enfin la loi sur les paquebots transatlantiques, qui doivent affranchir nos relations commerciales avec le Nouveau-Monde du tribut trop longtemps payé à des intermédiaires étrangers.

Mais la plus importante mesure financière à laquelle le Corps législatif se soit associé, est incontestablement celle des emprunts nationaux. En leur donnant pour la première fois le caractère démocratique, en appelant la nation tout entière à les souscrire, l'Empereur a fait pour la rente ce que 89 avait fait pour la terre : désormais le cultivateur et l'ouvrier ne sont pas moins intéressés que le capitaliste à la stabilité du crédit ; désormais toutes les classes participent à tous les avantages comme à toutes les charges du pays. Le Corps législatif a compris la porté de cette grande mesure et s'y est associé avec empressement. On sait ce qui en est résulté pour la conduite de la guerre et le prestige de la France au dehors. L'entraînement avec lequel les emprunts ont été souscrits jusque dans les derniers hameaux, n'a pas produit moins d'effet que l'héroïsme de nos soldats sous les murs de Sébastopol, et l'Europe a vu avec un égal étonnement l'étendue de nos ressources financières et la puissance de nos armes.

L'armée, qui a tant fait pour la gloire de la France et le repos du monde, ne pouvait manquer d'être l'objet de la sollicitude spéciale de l'Empereur et des députés du pays.

Sans parler des sommes considérables consacrées chaque année dans le budget pour entretenir et augmenter nos forces de terre et de mer, le corps législatif a eu à voter une série de mesures destinées à l'amélioration du sort de nos marins et de nos soldats.

Chacun des trois grands corps de l'Etat peut revendiquer une part dans le bien qui s'est fait ; tous ont su comprendre et remplir la haute mission qu'ils tiennent de la Constitution et de la confiance de l'Empereur.

※

De nouvelles élections ont eu lieu en juin 1857.

※

Le *Moniteur* publie aujourd'hui le décret portant promulgation du traité de commerce et de navigation conclu le 14 juin 1857 entre la France et la Russie.

※

La glorieuse expédition de la Kabylie, accomplie par notre brave armée en juin et juillet 1857, a forcé les tribus ennemies en Algérie de se soumettre à l'autorité de la France et à entrer dans la voie du progrès qu'une sage administration saura leur faire comprendre avec le temps.

※

Des voies nouvelles de chemin de fer ont été décrétées en Algérie, pour relier les principaux lieux avec le littoral de la mer.

※

Le gouvernement a traité en juillet 1857 avec la compagnie des Chemins de fer du Midi, pour l'ouverture, dans les départements de la Gironde, des Landes et de Gascogne, de nombreuses routes agricoles, destinées à aller chercher les produits de l'intérieur du pays des deux côtés du chemin de fer de Bordeaux à Bayonne, et à les relier avec la voie ferrée. La combinaison est donc également avantageuse pour l'Etat, qui ajoute une plus-value considérable à une superficie de plus de 500,000 hectares à assainir et à mettre en culture, comme pour le chemin de fer qui se crée ainsi de nombreux affluents pour l'avenir.

※

L'Empereur a déjà acheté, comme en Sologne, un domaine de 7,000 hectares, près de Sabres, dans les Landes, dans l'intention formelle de le mettre en culture, et donner par son exemple l'impulsion au défrichement (1). Les travaux, com-

(1) On évalue à 10,000 hectares les nouvelles propriétés acquises par Sa Majesté dans les Landes ; quatorze fermes seront prochainement organisées.

mencés sur plusieurs points, doivent être achevés dans un délai de quatre ans au plus tard.

※❀※

Concessions des Chemins de fer en 1857. —Dans ce moment où l'on se préoccupe de l'avenir de nos grandes Compagnies de chemins de fer, et de l'influence que les dernières concessions dont elles sont chargées peuvent avoir sur leur prospérité, il nous paraît opportun de mettre sous les yeux du public le tableau de ces concessions.

Au Nord, les lignes concédées définitivement sont les suivantes :

1° De Paris à Soissons, à exécuter en trois ans ;

2° De Boulogne à Calais avec embranchement sur Marquise, à exécuter en trois ans ;

3° D'Amiens vers un point de la ligne de Creil à Saint-Quentin, de Tergnier à Saint-Quentin, à construire en six ans ;

4° De la ligne de Lille à Calais à la ligne de Paris à Lille entre Lille, Arras et Douai, à faire en cinq ans ;

5° De Chantilly à Senlis, à exécuter en trois ans ;

6° De Pontoise à la ligne de Belgique, à exécuter en deux ans.

La ligne importante d'Amiens à Rouen, d'Ermont à Argenteuil, pour faire suite au chemin de Paris à Argenteuil.

Viennent ensuite les concessions éventuelles :

1° De Soissons à la frontière en passant par Laon, Vervins et Hirson ;

2° De cette ligne à un point situé entre Busigny et Landrecies ;

3° De Senlis à la ligne de Soissons ;

4° De Beauvais à un point de la ligne de Paris à Pontoise, que va entreprendre la Compagnie de l'Ouest.

A la Compagnie d'Orléans est faite la concession définitive, avec un délai de huit ans pour l'exécution des lignes suivantes :

1° Paris à Tours par Châteaudun ;

2° Nantes à Napoléon-Vendée ;

3° Bourges à Montluçon,

4° Toulouse au chemin de fer de Montauban par Albi.

Les concessions éventuelles :

1° Tours à Vierzon ;

2° Orléans à un point du chemin de fer du Bourbonnais entre Montargis et Briare ;

3° Montluçon à Limoges, par Guéret ;
4° Poitiers à Limoges ;
5° Angers à Niort ;
6° Limoges à Brives.

Les lignes provenant de l'héritage du Grand-Central sont :
1° Montluçon à Moulins ;
2° Limoges à Agen ;
3° Coutras à Périgueux ;
4° Montauban au Lot et à Rodez ;
5° Arvant au Lot ;
6° Périgueux à la ligne de Montauban.

Le nouveau réseau comprend :
1° Le second chemin de Lyon, par le Bourbonnais, la ligne de Saint-Germain-des-Fossés à Clermont, Arvant, le Puy et Saint-Étienne ;
2° Les lignes de Nevers et Moulins à Châlons, de Châtillon à Montbard, de Salins aux Terrières et à Jougne, de Montbéliard à Delle et Audincourt.

Le réseau éventuel :
De Brioude à Alais, Montbrison à Andrezieux, Privas, Carpentras, Toulon à Nice, Avignon à Gap et Gap à la frontière sarde, si le Piémont fait le prolongement jusqu'à Suse.

※

Mort et funérailles nationales de l'immortel poëte Béranger, le 16 juillet 1857.

※

Décret du 17 juillet 1857 :
Les compagnies, sociétés et entreprises dont les actions et obligations sont assujetties au droit de transmission établi par l'article 6 de la loi du 23 juin 1857, seront tenues de faire, au bureau de l'enregistrement du lieu où elles auront le siége de leur principal établissement, une déclaration constatant :
1° L'objet, le siége et la durée de la société ou de l'entreprise ;
2° La date de l'acte constitutif et celle de l'enregistrement de cet acte ;
3° Les noms des directeurs ou gérants ;
4° Le nombre et le montant des titres émis, en distinguant les actions des obligations, et les titres nominatifs des titres au porteur.

Visite, en août 1857, de l'Empereur et de l'Impératrice des Français en Angleterre, à Osborne, à la Reine Victoria.

Par décret du 12 août 1857 :
Une médaille commémorative est donnée à tous les militaires français et étrangers des armées de terre et de mer qui ont combattu sous nos drapeaux, de 1792 à 1815.

Cette médaille, désignée sous le nom de *Médaille de Sainte-Hélène*, sera en bronze et portera, d'un côté, l'effigie de l'Empereur, de l'autre, pour légende : *Campagnes de 1792 à 1815.* — *A ses compagnons de gloire sa dernière pensée, 5 mai 1821.*

Elle sera portée à la boutonnière, suspendue par un ruban vert et rouge.

Il est expressément interdit de porter le ruban sans la médaille.

Ouverture des Halles centrales de Paris, le 15 août 1857.

Inauguration du Louvre, le 15 août 1857. — Discours de l'Empereur.

« MESSIEURS,

« Je me félicite avec vous de l'achèvement du Louvre. Je me félicite surtout des causes qui l'ont rendu possible Ce sont, en effet, l'ordre, la stabilité rétablis et la prospérité toujours croissante du pays qui m'ont permis de terminer cette œuvre nationale. Je l'appelle ainsi puisque tous les gouvernements qui se sont succédé ont tenu à honneur de finir la demeure royale commencée par François Ier, embellie par Henri II.

« D'où vient cette persévérance et cette popularité pour l'exécution d'un palais ? C'est que le caractère d'un peuple se reflète dans ses institutions comme dans ses mœurs, dans les faits qui l'enthousiasment comme dans les monuments qui deviennent l'objet de son intérêt principal. Or la France, monarchique depuis tant de siècles, qui voyait sans cesse dans le pouvoir central le représentant de sa grandeur et de sa nationalité, voulait que la demeure du Souverain fût digne du pays, et le meilleur moyen de répondre à ce sentiment était d'entourer cette demeure des chef-d'œuvre divers de l'intelligence humaine.

« Au moyen-âge, le roi habitait une forteresse hérissée de moyens de défense. Bientôt les progrès de la civilisation remplaça les créneaux et les armes de guerre par les produits des sciences, des lettres et des arts.

« Aussi l'histoire des monuments a-t-elle sa philosophie comme l'histoire des faits.

« De même qu'il est à remarquer que sous la première révolution le comité de salut public ait continué à son insu l'œuvre de Louis XI, de Richelieu, de Louis XIV, en portant le dernier coup à la féodalité et en poursuivant le système d'unité et de centralisation, but constant de la monarchie ; de même n'y a-t-il pas un grand enseignement à voir pour le Louvre la pensée de Henri IV, de Louis XIII, de Louis XIV, de Louis XV, de Louis XVI, de Napoléon, adoptée par le pouvoir éphémère de 1848 ?

« Un des premiers actes, en effet, du gouvernement provisoire fut de décréter l'achèvement du palais de nos rois. Tant il est vrai qu'une nation puise dans ses antécédents, comme un individu dans son éducation, des idées que les passions du moment ne parviennent pas à détruire. Lorsqu'une impulsion morale est la conséquence de l'état social d'un pays, elle se transmet à travers les siècles et les formes diverses des gouvernements, jusqu'à ce qu'elle atteigne le but proposé.

« Ainsi l'achèvement du Louvre, auquel je vous rends grâce d'avoir concouru avec tant de zèle et d'habileté, n'est pas le caprice d'un moment, c'est la réalisation d'un plan conçu pour la gloire et soutenu par l'instinct du pays pendant plus de trois cents ans. »

Inauguration du camp militaire de Châlons (Marne), en septembre 1857, par l'Empereur Napoléon, par les manœuvres de la Garde Impériale exclusivement, avec l'ouverture du chemin de fer au Mourmelon.

En septembre 1857 a eu lieu à Vincennes, sous la présidence de M. le Ministre de l'intérieur, l'inauguration de l'asile impérial de Vincennes, destiné aux ouvriers convalescents.

Entrevue, en septembre 1857, des souverains alliés de l'Europe : l'Empereur Napoléon III, les Empereurs de Russie et d'Autriche, et les Rois de Prusse, de Wurtemberg, Bavière et Saxe.

Ce grand événement de l'entrevue de Stuttgard est l'une des conséquences de la politique arrêtée à Osborne. L'Europe est arrivée à cet âge où l'on a besoin de repos, où le temps semble assez précieux pour ne pas le perdre en querelles. Les peuples nouveaux, pleins de vigueur et d'élan, se battent pour régler entre eux la possession des empires; les peuples anciens, mûris par l'adversité, s'associent, s'unissent dans des pensées de civilisation, pour s'assurer la conservation des conquêtes du temps et de la science. Des susceptibilités d'un ordre secondaire viendraient-elles troubler l'harmonie de ces aspirations raisonnables vers la concorde et la paix générale?

Le voyage que S. M. l'Empereur Napoléon III vient de faire en Allemagne remplira l'une des pages les plus remarquables de l'histoire de ce règne, déjà si fertile en admirables résultats.

Les circonstances dont ce voyage a été entouré lui donnent un caractère de relations privées et de haute courtoisie entre souverains, qui ne lui ôte rien de son importance politique.

On sait que les prévisions du budget de la guerre, pour 1858, sont établies sur un effectif au pied de paix de 392,400 hommes, et que le contingent à incorporer est de 75,000 hommes. Ce contingent se répartit de la manière suivante :

Infanterie, 39,300 hommes; cavalerie, 18,430; artillerie, 11,400; génie, 2,800; équipages militaires, 3,000; vétérans, 70.

Le nombre des élèves de nos principales écoles militaires sera l'objet, pour 1858, d'une diminution assez sensible. L'Ecole polytechnique, pendant cette année, en entretiendra 260 et en admettra 130, au lieu de 340 qu'elle entretient en ce moment et de 170 qu'elle admettra dans le courant de 1857. L'Ecole d'application d'état-major, qui compte 90 sous lieutenants-élèves, n'en aura que 60 en 1858. L'Ecole de Saint-Cyr, qui a 800 élèves entretenus et 400 admissibles pour 1857, n'en possédera en 1858 que 620 et n'en admettra que 300. Ces chiffres sont calculés d'après les besoins du département de la guerre, qui ont pour base la fixation de l'effectif de l'armée

La rue de Rennes, ouverte en face la gare du chemin de fer de l'Ouest (rive gauche), va être prolongée jusqu'à la Seine; elle deviendra un boulevard important qui débouchera sur le quai Conti, entre l'Institut et la Monnaie.

Les pavillons du palais Mazarin seront décidément respectés;

le pont des Arts, qu'il avait été question de reconstruire, sera remplacé par un autre pont qui aboutira à la rue du Louvre, sera prolongée jusqu'à la rue Montmartre et peut-être même jusqu'au boulevard.

※

La propriété de l'église Saint-Eugène, qui appartenait à une société particulière, vient d'être achetée par la ville de Paris.

ATTENTAT DU 14 JANVIER 1858.

La première parole qui est aujourd'hui sur toutes les lèvres, doit aussi se trouver sous notre plume : c'est une pensée de profonde et religieuse reconnaissance pour Dieu, qui encore une fois a trompé d'abominables desseins et conservé à la France, à l'Europe, à la société, une existence qui se lie aux plus grands intérêts de la civilisation.

Rien n'a manqué à la grandeur et à l'émotion de cette scène. L'Impératrice était aux côtés de l'Empereur. Elle a partagé ses périls. Elle a été digne de son courage, de son calme. Elle recueillera, comme lui, la reconnaissance et l'admiration de la France.

—

NAPOLÉON,

Par la grâce de Dieu et la volonté nationale, Empereur des Français,

Avons décrété et décrétons ce qui suit :

Art. 1er. Il est institué un Conseil privé, qui se réunira sous la présidence de l'Empereur.

Art. 2. Le Conseil privé deviendra, avec l'adjonction des deux Princes français les plus proches dans l'ordre d'hérédité, Conseil de Régence, dans le cas où l'Empereur n'en aurait pas désigné un autre par acte public.

Art. 3. Sont membres du Conseil privé :

S. Em. le cardinal Morlot,
S. Exc. le maréchal duc de Malakoff,
S. Exc. M. Achille Fould,
S. Exc. M. Troplong,
S. Exc. le comte de Morny,
S. Exc. M. Baroche,
S. Exc. M. le comte de Persigny.

Art. 4. Notre ministre d'Etat est chargé de l'exécution du présent décret.

Fait au palais des Tuileries, le 1ᵉʳ février 1858.

NAPOLÉON.

Par l'Empereur :
Le Ministre d'Etat,
Achille Fould.

L'Empereur vient d'investir S. A. I. le prince Jérôme Napoléon du droit d'assister aux réunions du Conseil privé. S. A. I. présidera le Conseil pendant les absences de sa Majesté.

OUVERTURE DE LA SESSION LÉGISLATIVE

(Paris, 18 janvier 1858).

Discours de l'Empereur.

Messieurs les Sénateurs,
Messieurs les Députés,

Tous les ans, à l'époque de la réunion des Chambres, je vous rends compte de ce qui s'est fait pendant votre absence, et je demande votre concours pour les mesures à prendre.

Depuis l'année dernière, le gouvernement a suivi sa marche progressive et régulière, exempte de toute vaine ostentation.

On a souvent prétendu que, pour gouverner la France, il fallait sans cesse donner comme aliment à l'esprit public quelque grand incident théâtral. Je crois, au contraire, qu'il suffit de chercher exclusivement à faire le bien pour mériter la confiance du pays.

L'action du gouvernement s'est donc simplement bornée à faire ce qu'il y avait de plus utile, suivant les circonstances, dans les branches diverses de l'administration.

Dans l'intérêt de l'agriculture, l'exportation et la distillation des grains ont été autorisées de nouveau, et l'appui de la Banque est venu donner de la force au crédit foncier. Les landes commencent à se défricher.

Dans les travaux publics, les résultats les plus importants sont : 1,336 kilomètres de chemins de fer livrés, en 1857, à la circulation ; 2,600 kilomètres nouveaux concédés ; des routes nouvelles créées ; le bassin à flot de Saint-Nazaire et le canal de Caen à la mer ouverts à la navigation ; des études sérieuses terminées pour prévenir le fléau des inondations ; l'amélioration de nos ports, et, entre autres, du Havre, de Marseille, de Toulon, de Bayonne ; au nord et à l'est de la France, l'exploitation de nouvelles richesses houillères ; à Paris, l'inauguration du Louvre et de l'asile de Vincennes ; enfin, dans la capitale comme à Lyon, des quartiers ouverts pour la première fois depuis des siècles à l'air et à la lumière ; et, sur toute la France, les édifices religieux se construisent à nouveau ou se relèvent de leurs ruines.

L'instruction donnée par l'État se développe à côté de l'enseignement libre, loyalement protégé. En 1857, le nombre des élèves des lycées s'est accru de 1,500. L'enseignement, redevenu plus religieux et plus moral, se relève avec une tendance vers les saines humanités et les sciences utiles. Le Collége de France a été réorganisé ; l'instruction primaire se répand avec succès.

La volonté du gouvernement est que le principe de la liberté des cultes soit sincèrement appliqué, sans oublier que la religion catholique est celle de la grande majorité des Français. Aussi cette religion n'a jamais été ni plus respectée, ni plus libre. Les conciles provinciaux s'assemblent sans entraves, et les évêques jouissent en toute plénitude de l'exercice de leur saint ministère.

Les cultes luthérien et réformé, ainsi que les Israélites, participent dans une juste proportion aux subventions de l'État et en sont également protégés.

L'accroissement de valeur de toutes choses nous a obligés, dès l'année dernière, à augmenter les appointements attachés aux fonctions les moins rétribuées. L'ordinaire du soldat a été amélioré et la solde des officiers de grade inférieur augmentée. Le budget de 1859 élève le traitement des desservants, celui des professeurs et des instituteurs, enfin celui des juges de paix.

Parmi les mesures d'assistance, je signalerai la propagation des sociétés de secours mutuels ; dans les campagnes, celle des médecins cantonnaux ; dans les villes, l'établissement des fourneaux économiques. Un million a été distribué pour venir en aide aux populations le plus gravement atteintes par l'interruption accidentelle du travail.

Le budget de 1859, qui vous sera présenté, se soldera par un excédant de recettes, et l'action de l'amortissement pourra être rétablie, le grand-livre fermé, la réduction de la dette flottante assurée.

Le commence a éprouvé en dernier lieu des souffrances et un temps d'arrêt ; mais la fermeté de son attitude au milieu d'une crise, pour ainsi dire universelle, est aux yeux de tous un honneur pour la France, et justifie les principes économiques conseillés par le gouvernement en matière de commerce, de finances et de crédit.

L'accroissement des revenus directs et indirects pendant l'année qui vient de finir, a été de 30 millions.

Parmi les divers projets de loi d'intérêt général qui vous seront soumis, j'indiquerai : une loi sur les patentes, qui dégrève les petits contribuables ; un nouveau Code militaire de la marine ; une proposition d'affecter les 20 millions qui restent des emprunts a l'achèvement des travaux destinés à mettre les villes à l'abri des inondations.

L'Algérie, reliée à la France par le fil électrique, a vu nos troupes se couvrir d'une nouvelle gloire par la soumission de la Kabylie. Cette expédition, habilement conduite et vigoureusement exécutée, a complété notre domination. L'armée, qui n'a plus d'ennemis à combattre, aura à lutter contre des difficultés nouvelles, en ouvrant des voies ferrées, si nécessaires au développement de la prospérité de notre colonie.

En France, l'armée trouvera dans le camp de Châlons une grande école qui maintiendra, à la hauteur où ils se sont élevés, l'esprit et l'instruction militaires.

L'Empereur Napoléon avait légué à ses anciens compagnons de gloire son domaine privé et son domaine extraordinaire ; l'État les a absorbés sous la Restauration. C'est pour exécuter en quelque sorte ce legs pieux que vous avez voté, d'une part, une somme de 8 millions, et, de l'autre, près de 3 millions de secours annuels pour les anciens militaires. Néanmoins, j'ai voulu qu'une médaille vînt rappeler à tous ceux qui avaient servi dans nos armées la dernière pensée de leur ancien chef. Plus de trois cent mille hommes, en France et à l'étranger, ont demandé cette médaille, souvenir de l'Épopée impériale, et, en la recevant, ils ont pu se dire avec fierté : « ET MOI AUSSI, JE FAISAIS PARTIE DE LA GRANDE ARMÉE ! » paroles que l'Empereur à Austerlitz avait raison de leur montrer dans l'avenir comme un titre de noblesse.

Notre marine, dont les arsenaux sont occupés aux transformations si nécessaires de la flotte, maintient sur toutes les mers l'honneur de notre drapeau. En Chine, elle lutte, de concert avec la flotte anglaise, pour obtenir le redressement de griefs communs, et pour venger le sang de nos missionnaires cruellement massacrés.

Les relations de la France avec les puissances étrangères n'ont jamais été meilleures ; nos anciens alliés, fidèles aux sentiments nés d'une cause commune, nous témoignent la même confiance, et les nouveaux, par leurs bons procédés, par leur concours loyal dans toutes les grandes questions, nous feraient presque regretter de les avoir combattus. J'ai pu me convaincre, à Osborn comme à Stuttgard, que mon désir de conserver l'intimité des anciens liens, comme celui d'en former de nouveaux, était partagé également par les chefs de deux grands empires.

Si la politique de la France est appréciée comme elle le mérite en Europe, c'est que nous avons le bon esprit de ne nous mêler que des questions qui nous intéressent directement, soit comme nation, soit comme grande puissance européenne ; aussi me suis-je gardé de m'immiscer dans la question des duchés, qui agite aujourd'hui l'Allemagne ; car cette question, purement allemande, restera telle tant que l'intégrité du Danemark ne sera pas menacée. Si je me suis occupé, au contraire, de l'affaire de Neufchâtel, c'est que le roi de Prusse avait réclamé mes bons offices, et j'ai été heureux, dans cette occasion, de contribuer à la conclusion définitive d'un différend qui aurait pu devenir dangereux pour le repos de l'Europe.

A l'égard des Principautés, on s'est étonné de notre désaccord avec plusieurs de nos alliés ; c'est que la France, dans sa politique désintéressée, a toujours protégé, autant que les traités le permettaient, les vœux des populations qui avaient tourné leurs regards vers elle. Néanmoins, les conférences qui vont s'ouvrir à Paris nous verront apporter un esprit de conciliation de nature à atténuer les difficultés inséparables de la divergence des opinions.

Telle est, messieurs, en résumé, notre situation. Je pourrais donc terminer ici mon discours, mais je crois utile, au commencement d'une nouvelle législature, d'examiner avec vous ce que nous voulons. Il n'y a que les causes bien définies, nettement formulées, qui créent des convictions profondes ; il n'y a que des drapeaux hautement déployés qui inspirent des dévoûments sincères.

Qu'est-ce que l'Empire ?

Est-ce un gouvernement rétrograde, ennemi des lumières, désireux de comprimer les élans généreux et d'empêcher dans le monde le rayonnement pacifique de tout ce que les grands principes de 89 ont de bon et de civilisateur ?

Non ; l'Empire a inscrit ces principes en tête de sa Constitution ; il adopte franchement tout ce qui peut ennoblir les cœurs et exalter les esprits pour le bien ; mais aussi, ennemi de toute théorie abstraite, il veut un pouvoir fort, capable de vaincre les obstacles qui arrêteraient sa marche, car, ne l'oublions pas, la marche de tout pouvoir nouveau est longtemps une lutte.

D'ailleurs, il est une vérité écrite à chaque page de l'histoire de la France et de l'Angleterre, c'est qu'une liberté sans entraves est impossible tant qu'il existe dans un pays une fraction obstinée à méconnaître les bases fondamentales du gouvernement. Car alors la liberté, au lieu d'éclairer, de contrôler, d'améliorer, n'est plus dans la main des partis qu'une arme pour renverser.

Aussi, comme je n'ai pas accepté le pouvoir de la nation dans le but d'acquérir cette popularité éphémère, prix trompeur de concessions arrachées à la faiblesse, mais afin de mériter un jour l'approbation de la postérité en fondant en France quelque chose de durable, je ne crains pas de vous le déclarer aujourd'hui, le danger, quoiqu'on dise, n'est pas dans les prérogatives excessives du pouvoir, mais plutôt dans l'absence des lois répressives. Ainsi, les dernières élections, malgré leur résultat satisfaisant, ont offert en certains lieux un affligeant spectacle ; les partis hostiles en ont profité pour agiter le pays, et l'on a vu quelques hommes, s'avouant hautement ennemis des institutions nationales, tromper les électeurs par de fausses promesses, et, après avoir brigué leurs suffrages, les rejeter ensuite avec dédain. Vous ne permettrez pas qu'un tel scandale se renouvelle, et vous obligerez tout éligible à prêter serment à la Constitution avant de se porter candidat.

La pacification des esprits devant être le but constant de nos efforts, vous m'aiderez à rechercher les moyens de réduire au silence les oppositions extrêmes et factieuses.

En effet, n'est-il pas pénible, dans un pays calme, prospère, respecté en Europe, de voir, d'un côté, des personnes décrier un gouvernement auquel elles doivent la sécurité dont elles jouissent, tandis que d'autres ne profitent du libre exercice de leurs droits politiques que pour miner les institutions.

J'accueille avec empressement, sans m'arrêter à leurs antécédents, tous ceux qui reconnaissent la volonté nationale ; quant aux provocateurs de troubles et aux organisateurs de complots, qu'ils sachent bien que leur temps est passé !

Je ne puis terminer sans vous parler de la criminelle tentative qui vient d'avoir lieu. Je remercie le ciel de la protection visible dont il nous a couverts, l'Impératrice et moi, et je déplore qu'on fasse tant de victimes pour attenter à la vie d'un seul. Cependant ces complots portent avec eux plus d'un enseignement utile : le premier, c'est que les partis qui recourent à l'assassinat prouvent par ces moyens désespérés leur faiblesse et leur impuissance ; le second, c'est que jamais un assassinat, vînt-il à réussir, n'a servi la cause de ceux qui avaient armé le bras des assassins. Ni le parti qui frappa César, ni celui qui frappa Henri IV, ne profitèrent de leur meurtre. Dieu permet quelquefois la mort du juste, mais il ne permet jamais le triomphe de la cause du crime. Aussi ces tentatives ne peuvent troubler ni ma sécurité dans le présent, ni ma foi dans l'avenir. Si je vis, l'Empire vit avec moi, et si je succombe, l'Empire serait encore affermi par ma mort même, car l'indignation du peuple et de l'armée serait un nouvel appui pour le trône de mon fils.

Envisageons donc l'avenir avec confiance, livrons-nous sans préoccupations inquiètes à nos travaux de tous les jours pour le bien et la grandeur du pays. *Dieu protège la France !*

(Ces magnifiques paroles sont interrompues souvent par les acclamations de l'assemblée tout entière, qui se lève aux cris de : Vive l'Empereur ! vive l'Impératrice !)

Décret impérial qui nomme aux Commandements supérieurs institués dans l'intérieur de l'Empire.

Paris, le 13 février 1858.

NAPOLÉON, par la grâce de Dieu et la volonté nationale, Empereur des Français, à tous présents et à venir, salut :

Vu le décret du 27 janvier 1858, portant création de cinq grands commandements confiés à des maréchaux de France ;

Sur le rapport de notre Ministre Secrétaire d'Etat au département de la guerre ;

Avons décrété et décrétons ce qui suit :

Art 1er. Le maréchal *Magnan*, commandant en chef l'armée de Paris et commandant la 1re division militaire, est nommé au commandement supérieur des troupes stationnées dans les divisions du nord (1re, 2e et 3e divisions territoriales);

Quartier général : *Paris.*

Art. 2. Le maréchal *Canrobert* est nommé au commandement supérieur des troupes stationnées dans les divisions de l'Est (4ᵉ, 5ᵉ, 6ᵉ et 7ᵉ divisions);

Quartier général : *Nancy*.

Art. 3. Le maréchal comte *de Castellane*, commandant en chef l'armée de Lyon et commandant la 8ᵉ division militaire, est nommé au commandement supérieur des troupes stationnées dans les divisions du Sud-Est (8ᵉ, 9ᵉ, 10ᵉ, 17ᵉ et 20ᵉ divisions);

Quartier général : *Lyon*.

Art. 4. Le maréchal *Bosquet* est nommé au commandement supérieur des troupes stationnées dans les divisions du Sud-Ouest (11ᵉ, 12ᵉ, 13ᵉ et 14ᵉ divisions);

Quartier général : *Toulouse*.

Art. 5. Le maréchal comte *Baraguey d'Hilliers* est nommé au commandement supérieur des troupes stationnées dans les divisions de l'Ouest (15ᵉ, 16ᵉ, 18ᵉ, 9ᵉ et 21ᵉ divisions);

Quartier général : *Tours*.

Art. 6. Notre Ministre Secrétaire d'Etat au département de la guerre est chargé de l'exécution du présent décret.
Fait au palais des Tuileries, le 13 février 1858.

Signé : Napoléon.

Par l'Empereur :
Le Maréchal de France, Ministre Secrétaire
d'Etat au département de la guerre,

Signé : Vaillant.

❋❋

Les généraux Changarnier et Bedeau sont autorisés à rentrer en France.

❋❋

Les opérations de la guerre contre l'Empire chinois, se poursuivent activement et promettent les plus grands résultats d'avenir pour la religion, la civilisation et l'industrie des puissances alliées de la France et de l'Angleterre, glorieusement associée dans ce noble but, de concert avec la Russie et les Etats-Unis.

En mars 1858, on arme dans nos différents ports, un certain nombre de bâtiments de flottille destinés à augmenter, en

Chine, les forces du même genre commandées par M. le contre-amiral Rigault de Genouilly.

※

La liberté de la boucherie a été décrétée à Paris, en mars 1858.

※

Un nouveau Congrès européen doit se réunir prochainement à Paris pour terminer définitivement à l'amiable, entre les Puissances unies, les diverses questions si importantes du Danube, des limites russes et turques, comme aussi de l'organisation des Principautés, Moldavie et Valachie, qui intéressent à si juste titre les populations de ces riches et beaux pays.

※

La Direction générale des douanes vient de publier, en mars 1858, les tableaux des marchandises importées et exportées pendant les deux premiers mois de l'année. Les droits perçus ont produit 25,800,000 fr.; ils s'étaient élevés à 28 millions pendant la période correspondante de l'an dernier.

Quoique généralement plus considérables que l'année dernière, les quantités de matières premières et de marchandises de toutes sortes renfermées dans nos entrepôts ne forment pas un encombrement qui puisse inquiéter.

Il résulte du mouvement de la navigation de la France avec l'étranger, les colonies et la grande pêche, une diminution à l'entrée de 101,528 tonneaux qui porte exclusivement sur les navires étrangers. A la sortie, l'accroissement est de 17,417 tonneaux en faveur du pavillon national.

Décret du 20 mars 1858 portant création du conseil de l'amirauté, en France, qui ne remonte qu'à 1824. Depuis, il a dû être apporté dans son organisation différents changements. Les plus importants furent ceux qu'y apporta le décret du 9 juin 1852.

Un décret du 20 mars 1858 vient d'y introduire de nouvelles modifications.

※

En date d'un décret du 16 avril 1857, a eu lieu à Paris, le 21 mars 1858, la distribution des médailles d'honneur, au nom de l'Empereur, par le Ministre de l'Intérieur pour récompenser les services rendus aux Sociétés de secours mutuels du departement de la Seine.

Les Sociétées de secours mutuels vont exercer partout la

plus heureuse influence sur les individus, sur les familles et sur les classes entières, en répandant parmi leurs membres, l'esprit de fraternité et d'économie qui est leur essence. Le pays tout entier n'est-il pas intéressé à leur succès? n'y trouve-t-il pas des garanties en faveur de l'ordre et n'avions-nous pas raison de dire en commençant qu'il fallait voir dans l'empressement de la foule à assister à la cérémonie de dimanche un autre sentiment que la curiosité?

Le décret organique du 26 mars 1852, décret qui divise les Sociétés de secours mutuels en *Sociétés reconnues comme établissement d'utilité publique, Sociétés approuvées* et *Sociétés privées*, a complété l'œuvre.

※

Le projet de tunnel sous-marin destiné à relier les chemins de fer d'Angleterre à ceux du continent excite toujours, à un haut degré, l'attention publique, en France et surtout chez nos voisins d'outre-mer. Chacun apprécie à son point de vue les avantages immenses promis par l'exécution de cette grande voie internationale. On sait qu'une commission officielle des ponts et chaussées et des mines, réunie par l'initiative de S. M. l'Empereur, s'est prononcée sur l'opportunité de travaux d'expérimentation à effectuer sur le détroit, et sur l'utilité d'une dépense de 500,000 fr. pour cet objet. Le gouvernement anglais, de son côté, fait examiner la question au point de vue spécial de l'intérêt du commerce britannique.

※

La saine appréciation de la brochure si remarquable publiée en mars 1858 (*De l'Empereur Napoléon III et l'Angleterre*), nous paraît de nature à exercer la plus heureuse influence sur l'esprit public en Angleterre. Elle prouve l'admirable désintéressement avec lequel l'Empereur, dominant toutes les préventions, a formé l'alliance anglo-française; elle montre la noble impassibilité du Souverain de la France en face de l'injustice et même des injures qui, trop souvent, ont dénaturé ses intentions et ses actes de l'autre côté du détroit. Elle explique l'irritation trop légitime qui s'est produite chez nous à la suite de l'attentat du 14 janvier, conçu et exécuté par des assassins dont les rapports avec les affiliations révolutionnaires de Londres, étaient d'une évidence si incontestable. Enfin elle élève l'intérêt de la civilisation de la France au-dessus de tous ces souvenirs, de tous ces griefs, de toutes ces émotions, et elle se résume par une affirmation énergique des grands principes sur lesquels repose l'alliance des deux peuples.

La modération resterait la règle de se sa politique, d'abord parce qu'elle est dans son caractère et, en second lieu, parce qu'elle nous paraît dans la nature même du gouvernement impérial. Nous ne nous étions pas trompé. Il est certain que la vigilance et la fermeté sont les premiers devoirs de l'administration, et nous sommes sûr qu'elle n'y manquera pas. Mais le meilleur moyen, selon nous, de protéger l'Empire contre les conspirations, c'est de donner à ses institutions toute la puissance dont elles sont susceptibles.

L'Empereur Napoléon III a fondé en France et en Europe, la grandeur de son nom et de son règne. Il est nécessaire que l'Empire ait autant de solidité et inspire autant de confiance que le souverain dont le génie l'a relevé, afin que les institutions puissent vivre dans la postérité comme y vivra certainement la mémoire de leur fondateur.

A tous ses titres, cette brochure est donc un événement qui contribuera à faire disparaître de regrettables malentendus et à « apaiser les passions qui ont été si injustement soulevées en Angleterre. »

Par décret du 23 mars, S. Exc. le maréchal duc de Malakoff est nommé ambassadeur près S. M. la reine du Royaume-Uni de la Grande-Bretagne et d'Irlande, en remplacement de M. le comte de Persigny, dont la démission est acceptée.

La présence à Londres du maréchal Pélissier rappellera aux Anglais une gloire qui nous est commune avec eux. Elle leur fera sentir plus encore le prix d'une alliance qui a produit de si grandes choses. Le nouvel ambassadeur, inspiré par la modération de l'Empereur, continuera certainement la mission du comte de Persigny, et s'attachera, comme lui, à maintenir entre la France et l'Angleterre une confiance nécessaire au repos du monde.

Le gouvernement anglais vient d'ordonner des poursuites contre une brochure de MM Félix Pyat, Besson et Talandier, dont nous avons déjà parlé, comme renfermant une apologie de l'attentat du 14 janvier.

Une dépêche télégraphique de Londres, apprend que les plénipotentiaires qui représentent en Chine la France, l'Angleterre, la Russie et les États-Unis, avaient adressé directement leurs réclamations à la cour de Pékin. La réponse de l'Empereur était attendue vers le milieu de mars. Les résolutions ultérieures des puissances alliées devaient dépendre de l'issue de cette négociation, dont la politique du gouvernement chinois rend le succès au moins douteux.

Le blocus de Canton avait été levé.

S. A. R. le prince Frédéric-Auguste-Georges de Saxe, second fils du roi de Saxe, est arrivé à Paris le 25 mars 1858, rendre visite à l'Empereur Napoléon III.

Le *Moniteur* publie le 25 mars les notes suivantes, au sujet des mesures de sûreté générale, prises par le gouvernement :

La malveillance s'efforce de faire naître des inquiétudes sur l'application de la nouvelle loi de sûreté générale en dénaturant les intentions du gouvernement.

Les coupables espérances qui ont suivi l'attentat du 14 janvier imposaient au gouvernement le devoir de protéger la sécurité publique, et il a suffi de l'arrestation de quelques hommes notoirement dangereux pour atteindre ce but.

Quant à ceux qui restent placés dans les catégories de la loi, s'ils ne se rendent pas coupables de faits nouveaux, ils n'ont rien à craindre des effets de cette loi.

Pour confondre les assertions mensongères des journaux étrangers qui prétendent que l'Empereur n'osait plus sortir qu'avec une nombreuse escorte, nous citerons les détails suivants de la plus véridique exactitude et de notoriété publique à Paris :

Hier mercredi 24 mars 1858, l'Empereur est sorti à pied des Tuileries, dans la matinée; après avoir traversé la cour du nouveau Louvre et la grande cour carrée, S. M. est sortie par le guichet qui fait face à Saint Germain-l'Auxerrois, pour examiner les travaux de la nouvelle mairie du quatrième arrondissement. L'Empereur s'est ensuite dirigé, par la rue des Prêtres et la place de l'Ecole, vers le Pont-Neuf, et s'est arrêté au terre-plein où il a examiné les travaux de restauration dont le piédestal de la statue de Henri IV a été l'objet. S. M. est revenue ensuite aux Tuileries.

※

Le boulevard de Sébastopol est ouvert sur la rive droite depuis le Pont-au-Change jusqu'à la gare du chemin de fer de l'Est.

Sur la rive gauche, le boulevard est terminé depuis le pont Saint-Michel jusqu'au palais des Thermes, qui se trouve à la fois en façade sur le boulevard de Sébastopol et sur la rue de la Harpe. A partir de cet endroit, la rue de la Harpe fait suite en ligne directe au boulevard, et se trouve continuée, également en ligne directe, par la rue d'Enfer. Il ne s'agira donc plus que d'élargir ces deux rues pour avoir la continuation du boulevard, soit jusqu'à la barrière d'Enfer, soit jusqu'à l'avenue de l'Observatoire.

Il restera ensuite à pratiquer la traversée de l'île de la Cité, pour joindre les deux parties du boulevard, celles de la rive gauche et de la rive droite, ce qui s'obtiendra en élargissant la rue de la Barillerie, du côté opposé aux bâtiments du Palais-de-Justice.

La longueur du boulevard de Sébastopol, sur la rive droite, depuis le boulevard Saint-Denis jusqu'au Pont-au-Change, est de 1,500 mètres.; dans la traversée de la Cité, elle est de 250 mètres; sur la rive gauche, du pont Saint-Michel à l'avenue de l'Observatoire, elle est de 1,500 mètres. La longueur totale, y compris la traversée des ponts, est de 3,500 mètres. En y ajoutant le boulevard de Strasbourg, qui n'en est que le prolongement en droite ligne, la voie aura près de 4,500 mètres ou un peu plus d'une lieue.

Le percement du boulevard de Sébastopol (rive droite) aura duré quatre années et coûté près de quatre-vingt millions.

※

Cinquante individus condamnés pour divers crimes ou délits viennent d'obtenir la remise entière ou particulière de leurs peines, par suite d'une décision de l'empereur, en date du 27 mars 1858.

※

CONCOURS DE POISSY.

Le dernier concours de Poissy pour les animaux de boucherie a eu lieu le 6 mars 1858; cette belle exposition publique avait attiré une affluence considérable de propriétaires et de cultivateurs; cet empressement n'a rien d'extraordinaire. Jusqu'à ce jour, aucune exhibition agricole n'a présenté un aussi puissant intérêt. L'important problème de la vie à bon marché ne pourra être résolu, chacun le sait, que lorsque les populations seront certaines d'avoir toujours du pain de bonne qualité et de la viande saine à bon marché. Or, si un bétail nombreux et perfectionné procure une abondante production de viande, il assure aussi, par la grande masse d'engrais qu'il fournit, des récoltes plus productives en céréales.

Divers concours généraux ont déjà eu lieu à Paris en 1853, 1854 et 1855.

C'est au milieu de la salle entière où l'on comptait près de

www.ingramcontent.com/pod-product-compliance
Lightning Source LLC
Chambersburg PA
CBHW071947110426
42744CB00030B/623